职业教育汽车类专业一体化系列教材

汽车发动机机械系统检测与维修一体化教程

主　编　韦耀华　殷维清
副主编　杨子安　梁泽鑫
参　编　韦梦宁　黄诗秋　林爱云
　　　　周韦健　莫文朝　罗升蔚

机械工业出版社

本书是根据职业院校汽车运用与维修专业人才培养方案、课程标准以及国家职业技能标准汽车维修工标准中的技能要求和企业岗位能力要求，结合现代职业教育的特点编写而成。

本书主要内容包括发动机吊装及附件拆装、配气机构检修、曲柄连杆机构检修、润滑系统检修、冷却系统检修、发动机技术参数检测。

本书可作为职业院校汽车类专业教材、职业技能培训用书，还可以作为汽车维修工的学习参考书。

为便于学生自学和教师的教学，本书配有电子课件和习题答案。凡选用本书作为授课教材的教师，均可登录 www. cmpedu. com 以教师身份注册免费下载教学资源。咨询电话：010-88379201。

图书在版编目（CIP）数据

汽车发动机机械系统检测与维修一体化教程/韦耀华，殷维清主编. —北京：机械工业出版社，2020.6（2022.8 重印）
职业教育汽车类专业一体化系列教材
ISBN 978-7-111-65661-6

Ⅰ.①汽… Ⅱ.①韦…②殷… Ⅲ.①汽车－发动机－机械系统－车辆检修－职业教育－教材 Ⅳ.①U472.43

中国版本图书馆 CIP 数据核字（2020）第 087547 号

机械工业出版社（北京市百万庄大街 22 号 邮政编码 100037）
策划编辑：于志伟 责任编辑：于志伟
责任校对：闫玥红 封面设计：张 静
责任印制：李 昂
北京中科印刷有限公司印刷
2022 年 8 月第 1 版第 3 次印刷
184mm×260mm · 11.25 印张 · 273 千字
标准书号：ISBN 978-7-111-65661-6
定价：35.00 元

电话服务	网络服务
客服电话：010-88361066	机 工 官 网：www. cmpbook. com
010-88379833	机 工 官 博：weibo. com/cmp1952
010-68326294	金 书 网：www. golden-book. com
封底无防伪标均为盗版	机工教育服务网：www. cmpedu. com

前 言

本书根据职业院校汽车运用与维修专业人才培养方案、课程标准以及国家职业技能标准汽车维修工标准中的技能要求和企业岗位能力要求，通过与行业、企业专家一起详细分析汽车发动机机械系统检测与维修实际工作过程，梳理并归纳出学习性的工作任务，并将这些典型的学习性工作任务作为学习任务编写了本书。

本书采用理论与实践一体化的编写模式，把相关理论知识的学习和工作任务的实施与工作过程有机结合在一起，并与职业技能标准相对接，突出了学生专业技能、职业能力的培养，体现“以学生为主体，以职业需求为导向”的教育观，具有较强的针对性和实用性。

本书主要具有以下特点：

1）学做结合，形式与结构新颖；

2）任务典型，过程完整，安全与质量并重；

3）理论适用，技能突出，步骤与方法明确；

4）图文并茂，通俗易懂，授课与自学容易等。

参加本书编写的人员有的来自教学一线、有的来自汽车维修行业，他们都具有丰富的教学及实践经验。本书秉承“以职业活动为导向，以能力为本位，以学生为中心”的编写理念，采用“理实一体化”的编写模式，具体框架为：任务描述——学习目标——学习重点——学习难点——相关知识——信息收集——制订计划——实施计划——检查与考评——评价反馈——知识巩固。

本书由韦耀华、殷维清担任主编，杨子安、梁泽鑫担任副主编，参与编写的还有韦梦宁、黄诗秋、林爱云、周韦健、莫文朝、罗升蔚。

由于编者水平和经验有限，书中难免有错误和不妥之处，敬请广大读者批评指正，并提出宝贵的意见和建议，以便修订时加以完善。

编 者

目 录

项目一

发动机吊装及附件拆装

发动机是汽车的心脏，为汽车的行驶提供动力，它利用燃料在气缸内燃烧所产生的热能使气体膨胀以推动曲柄连杆机构运动，并通过传动系统驱动汽车行驶。发动机关系着汽车的动力性、经济性和环保性等。

当发动机到了大修期需要进行总成更换修理时或因交通事故必须更换发动机时，就需要从汽车上拆卸发动机，以便对发动机进行大修或更换。发动机附件集中安装在发动机的外部，是保证发动机正常工作所需要的各种附属装置。

本项目主要是让学生懂得发动机总成吊装作业的应用场合，发动机总成吊装的步骤及注意事项，从整体上认识发动机总成，了解发动机都有哪些基本附件以及发动机附件的拆装方法，学会常用工具的使用方法和要求，为后续的任务学习打下坚实基础。

【任务描述】

覃先生的汽车在行驶过程中与别的车辆发生严重碰撞后不能行驶，由售后抢修车辆拖至4S店进行维修，经维修技师检查后发现车身及发动机受损严重，需要吊装发动机并更换受损的附件。现在，我们的工作任务是将受损的发动机总成进行吊装并检查更换受损的附件。

【学习目标】

1. 能准确叙述发动机总成吊装的步骤，并能完成发动机总成吊装的操作；
2. 能准确叙述发动机附件的作用和组成，并能在车上找出发动机附件的安装位置；
3. 能叙述进气歧管、排气歧管、发电机和起动机的作用；
4. 能制订发动机总成吊装及附件的拆卸与安装流程；
5. 会填写工作页，记录检修结果。

【学习重点】

1. 了解发动机总成吊装的步骤以及方法；
2. 了解发动机附件的作用；
3. 制订并实施发动机总成吊装及附件拆装的步骤。

【学习难点】

1. 根据所制订的拆装步骤，完成发动机总成的吊装；
2. 根据所制订的拆装步骤，完成发动机附件的拆装。

【相关知识】

一、发动机总成吊装

发动机总成（图1-1），又称为引擎，是一种能够将化学能转化为机械能的机器，它既可指动力发生装置，也可指包括动力装置的整个机器。

发动机总成的作用是为汽车提供动力，主要组成部件包括曲柄连杆机构、配气机构、燃料供给系统、点火系统（汽油机）、冷却系统、润滑系统、进排气系统及排放控制系统。

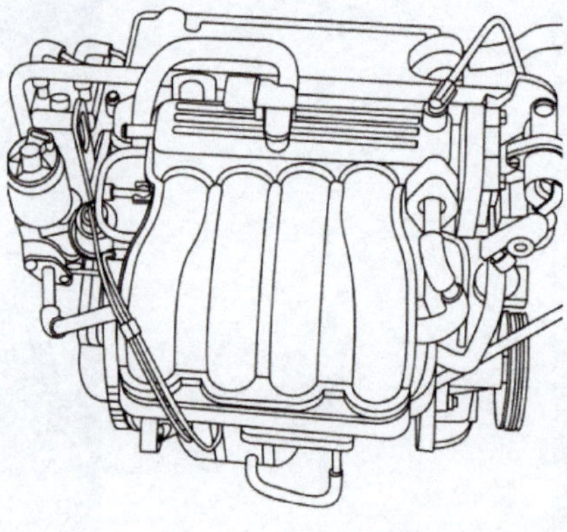

图1-1 发动机总成

1. 拆卸步骤

发动机总成的拆卸步骤如下（以五菱宏光B12发动机为例）：

1）打开发动机罩。

2）释放燃油压力。

3）先断开蓄电池负极，再断开蓄电池正极。

4）放空冷却液并收集好，防止污染环境。

注意：必须在发动机充分冷却后执行此步骤，且冷却液不能溅到驱动带上。

5）松开夹箍，从节气门体上拆下空气滤清器波纹胶管，拆下节气门体进水管①与回水管②（图 1-2），松开加速踏板拉索。

6）分别从插口③④⑤（图 1-2）处拆下炭罐电磁阀线束插头、节气门位置传感器线束插头和怠速步进电机线束插头。

7）从燃油导轨进油端口⑧上拔下输油管（图 1-2）。

8）断开爆振传感器插头、凸轮轴位置传感器插头、曲轴位置传感器插头、PDA 执行器插头、冷却液温度传感器插头以及其他与发动机连接的各种传感器及电喷系统元件线束。

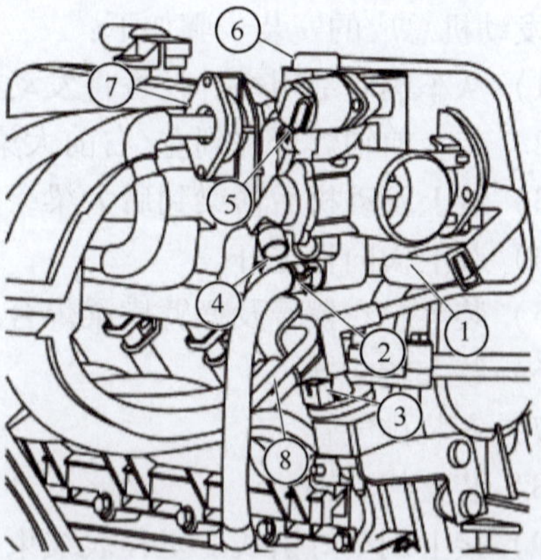

图 1-2 发动机拆卸（一）

9）拆下发动机上的暖风机水管以及与冷却风扇、溢水壶连接的管路。

10）拆下真空助力软管、与压缩机连接的各管路。注意防止液体泄漏及泄压处理。

11）适当举升汽车。

12）拆下发动机下盖板。

13）拆下发动机排气管。

14）拆卸转向器。

15）拆卸摆臂横梁焊合件、左右摆臂。

16）拆卸横向稳定杆。

17）断开机油压力开关插头。

18）拆下选档、换档软轴。

19）拆下离合器分泵。

20）拆下传动轴。

21）从变速器上断开里程表线束插头。

22）拆下倒车灯引线。

23）断开起动机线束连接。

24）用合适的支撑设备支撑前轴焊合件、发动机后横梁，并固定牢靠（图 1-3）。

25）拆下摆臂横梁焊合件。

26）拆下前轴焊合件与左/右前大梁连接的螺栓，拆下发动机后横梁与车身连接的螺栓。

27）将发动机和变速器总成、前轴焊合件、发动机后横梁作为一个整体，缓缓放下。

注意事项：取下发动机和变速器总成之前先确认其与支撑设备的固定是否牢靠，会不会

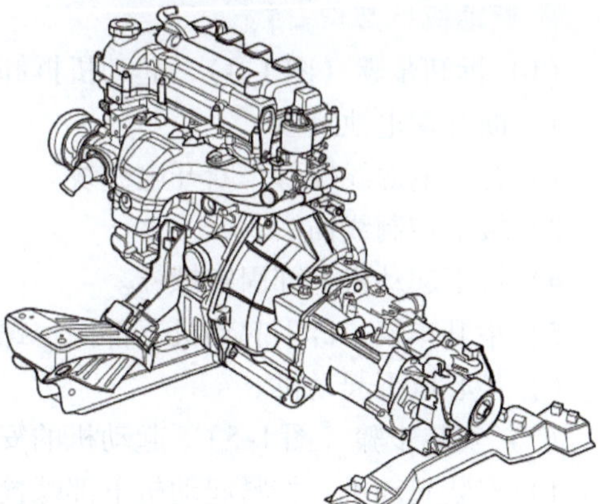
图 1-3 发动机拆卸（二）

发生倾倒。确认周围的连接已经全部断开，确认不会干扰汽车，在保证绝对安全的情况下慢慢降低发动机和变速器总成。

2. 安装步骤

发动机总成的安装步骤如下：

1）从车辆底部用举升设备将发动机和变速器总成，缓慢举起至发动机舱安装位置。

2）装上前轴焊合件到左/右前大梁，并拧紧连接螺栓，拧紧力矩为78 ±10N · m。

3）装上发动机后横梁到后大梁，并拧紧连接螺栓，拧紧力矩为37 ±5N · m。

4）装上横向稳定杆。

5）装上左右摆臂及摆臂横梁焊合件。

6）装上转向器。

7）安装排气管。

8）装上传动轴。

9）接上倒车灯引线、里程表线束。

10）安装离合器分泵，并拧紧螺栓，拧紧力矩为18 ±2N · m。

11）接上选档、换档软轴。

12）降低放平汽车。

13）将加速踏板拉索接到节气门体上。

14）接上真空助力软管。

15）接上暖风机进、出水管以及压缩机各管路。

16）接上各传感器及电喷系统元件线束插接器、发动机搭铁线，并拧紧螺母。

17）加注冷却液。

18）接上蓄电池正极，再接上负极。

19）起动并测试发动机性能。

二、发动机附件更换

发动机附件是保证发动机正常工作所需的各种附属装置，如发电机、起动机、进气歧管、排气歧管、水泵、压缩机、发动机支架、节温器、机油滤清器等。

1. 起动机拆卸与安装

（1）拆卸步骤（图1-4） 起动机拆卸步骤如下：

1）断开蓄电池负极。

2）拧下电源线螺母，断开电源线。

3）拔下控制线插头。

4）拆下起动机上部固定螺栓。

5）举升车辆，拆下起动机下部固定螺栓。

6）小心取下起动机。

（2）安装步骤（图1-5） 起动机的安装步骤如下：

1）安装起动机，拧紧起动机下部螺栓，拧紧力矩为11 ±2N · m。

2）降下车辆，拧紧起动机上部固定螺栓，拧紧力矩为11 ±2N · m。

3）接上起动机电源线并拧紧电源线固定螺母，拧紧力矩为6 ±1N · m。

4）插上控制线插口。

5）接上蓄电池负极，起动汽车，测试性能。

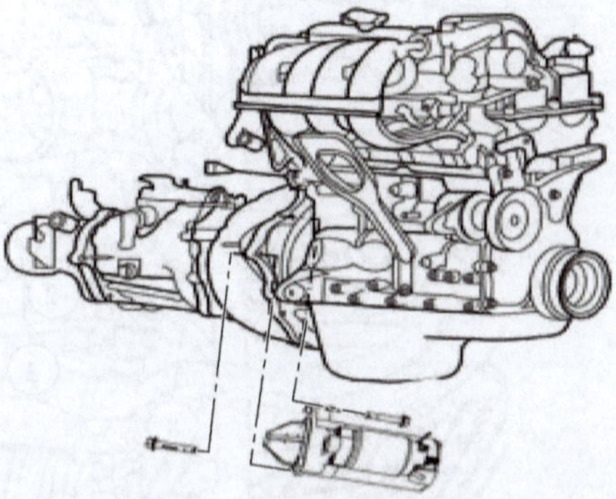

图 1-4　起动机的拆卸

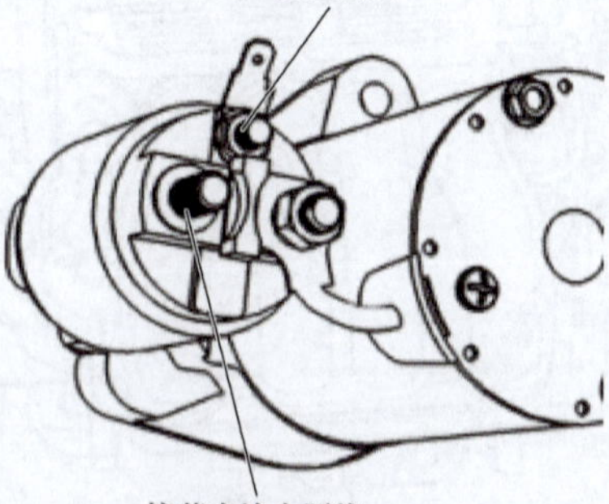

图 1-5　起动机的安装

2. 发电机拆卸与安装

（1）拆卸步骤　发电机（图 1-6）的拆卸步骤如下：

1）断开蓄电池负极。

2）拆下发电机输电线，拔下控制线插头。

3）拆下发电机安装螺栓。

4）拆下发电机螺栓、螺母组合件。

5）松开传动带。

6）取下发电机。

（2）安装步骤　发电机安装步骤如下：

1）将发电机装配到发电机支架上。

2）紧固发电机与到水泵的安装螺栓，拧紧力矩为 25 ±4N · m。

3）紧固发电机到支架的螺栓螺母，拧紧力矩为 25 ±4N · m。

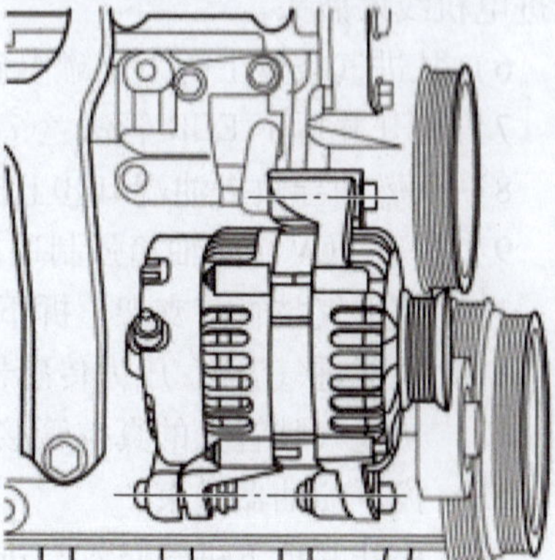

图 1-6　发电机

4）安装发电机 B_+ 输电线，并拧紧螺母，拧紧力矩为 9N · m（最大）。

5）套上发电机传动带并调整张紧力到规定值。

3. 进气歧管的更换

（1）拆卸步骤　进气歧管（图 1-7）的拆卸步骤如下：

1）打开发动机罩。

2）断开燃油泵继电器，起动发动机，发动机着火后，使发动机运转 10s，以释放燃油系统中的燃油压力。

3）断开蓄电池负极。

4）松开夹箍，从节气门体上拆下空气滤清器波纹胶管，拆下节气门体进水管①与回水管②（图 1-8），松开加速踏板拉索。

注意：拆卸出水管前，应先放空并收集好冷却液，防止污染环境。

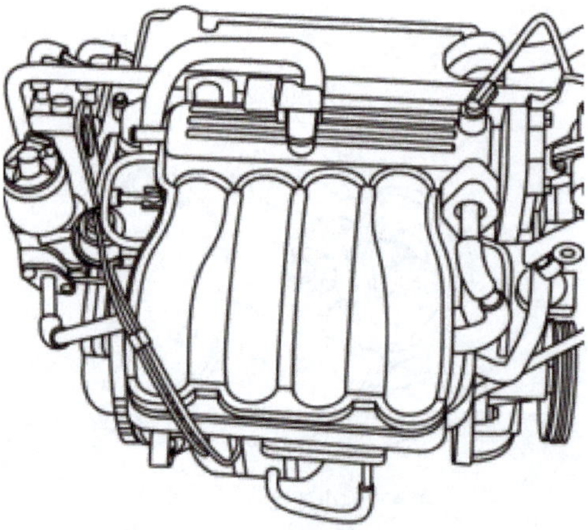

图 1-7　进气歧管

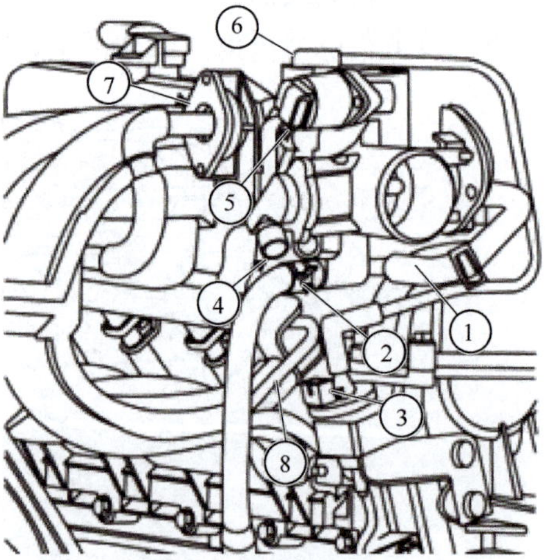

图 1-8　进气歧管各插头

5）分别从插口③④⑤处拆下炭罐电磁阀线束插头、节气门位置传感器线束插头和怠速步进电机线束插头。

6）从进气歧管上拆下炭罐电磁阀真空管⑥。

7）松开并拆下 EGR 管法兰⑦与进气歧管连接螺栓。

8）从燃油导轨进油端口⑧上拔下输油管。

9）拆下 PCV（曲轴箱强制通风）管与进气歧管连接的管箍并拔下 PCV 管。

10）从进气歧管前支架上拆下固定进气歧管的两颗螺栓。

11）拔下进气温度/压力传感器线束插头。

12）从进气歧管上的真空管接口上拔下真空助力器真空管。

13）拔下喷油器线束。

14）松开并拆下进气歧管与进气歧管后支架连接的两颗螺栓。

15）从 PDA 电磁控制阀支架上取下 PDA 电磁控制阀。

16）拆下把进气歧管固定在缸盖上的 5 颗螺栓与 5 颗螺母。

17）连带燃油导轨、节气门体一起，取下进气歧管总成。

注意：取下进气歧管总成时不要损坏或碰弯 EGR 管。

18）拆下进气歧管上的其他零件。

（2）清洁与检查　清洁进气歧管和气缸盖的密封面；检查密封圈是否破裂、硬化、漏气或损坏，若有则更换。

（3）安装步骤　进气歧管安装步骤如下：

1）先把燃油导轨安装到进气歧管上，拧紧燃油导轨螺栓，拧紧力矩为 15 ± 2N · m。

2）取 4 片新的进气歧管密封垫，放在进气歧管与气缸盖之间。

3）把进气歧管总成安装到缸盖上，先预紧进气歧管螺母、螺栓。

4）拧紧进气歧管后支架螺栓，拧紧力矩：M8 为 20 ± 2N · m，M10 为 30 ± 2N · m。

5）把 PDA 电磁控制阀挂在其支架上，接上 PDA 电磁控制阀线束插头。

6）接上真空助力器真空管到进气歧管接口上，接上各喷油器线束。

7）再把节气门体安装到进气歧管上，拧紧节气门体螺栓，拧紧力矩为 10 ±2N · m。

8）拧紧进气歧管前支架螺栓，拧紧力矩：M6 为 10 ±2N · m，M8 为 20 ±2N · m。

9）接上 PCV 管。

10）拧紧 EGR 管与进气歧管连接螺栓，拧紧力矩为 10 ±2N · m。

11）之后的步骤按照拆卸的相反顺序进行。

4. 排气歧管的更换

（1）拆卸步骤　排气歧管的拆卸步骤如下：

1）打开发动机罩。

2）断开燃油泵继电器，起动发动机，发动机着火后，使发动机运转 10s，以释放燃油系统中的燃油压力。

3）断开蓄电池负极。

4）松开并拆下排气歧管隔热罩螺栓，拆下排气歧管隔热罩，拆下前氧传感器。

5）松开排气歧管与排气管连接螺母。

6）松开排气歧管螺母，从缸盖上拆下排气歧管及排气歧管垫片。

注意事项：①小心操作，不要损坏氧传感器。②防止电气插接器和排气入口处受到污染。③不要在传感器上使用清洗溶剂。④切勿掉落或错误操作传感器。⑤待发动机充分冷却后才可进行以上操作，防止烫伤。

（2）安装步骤　排气歧管的安装步骤如下：

1）安装排气歧管到缸盖上，按图 1-9 所示的顺序拧紧排气歧管螺母，拧紧力矩为 22 ±2N · m。

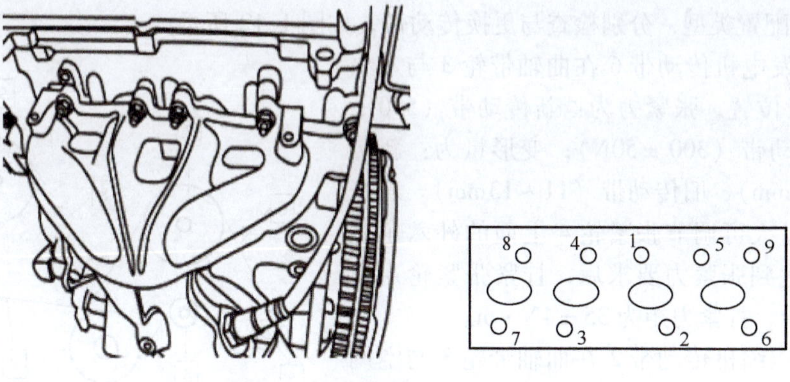

图 1-9　排气歧管螺母及安装顺序

2）安装前氧传感器，拧紧力矩为 46 ±4N · m。

3）安装排气管到排气歧管上。

4）安装排气歧管隔热罩，拧紧螺栓，拧紧力矩为 10 ±2N · m。

5. 发动机传动带的检查与更换

发动机传动带用于驱动发动机附件，如图 1-10 所示。传动带的更换根据传动带张紧方法的不同而不同。拆下传动带时需要放松张紧力，而安装传动带后需要检查调节张紧力。若张紧力不够，发动机则会产生噪声甚至传动带脱落。

（1）检查

1）常规检查。检查传动带是否有裂纹、割伤、变形、磨损和污物等，如不能继续使用，要予以更换。

2）检查传动带张紧力。可以用以下方法检查传动带张紧力。

方法1：用98N（约10kg）的力压传动带，检查传动带变形量，如图1-11a所示。

方法2：用传动带张紧力检测表检测传动带张紧力。测量时确认传动带牢固地系在卡钩上并且测量表与传动带垂直，如图1-11b所示。

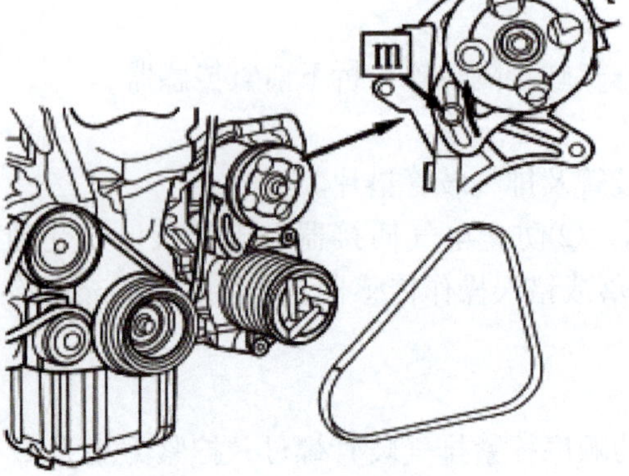

图1-10　发动机传动带

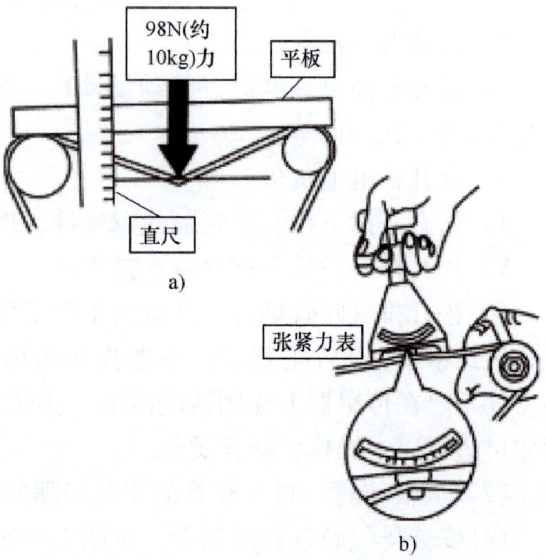

图1-11　发动机传动带检查方法

3）根据配置类型，分别检查与更换传动带，如图1-12所示。

① 检查发电机传动带6在曲轴带轮3与水泵7之间的中段位置，张紧力为：新传动带（550±50N），旧传动带（300±50N）；变形量为：新传动带（7~10mm），旧传动带（11~13mm）。若张紧力过小或过大可调节张紧轮4上面的外六角螺栓，传动带达到张紧力要求后，拧紧张紧轮4上的内六角螺栓，拧紧力矩为35±4N·m。

② 检查压缩机传动带2在曲轴带轮3与空调压缩机1之间的中段，张紧力为：新传动带（450±50N），旧传动带（250±50N）；变形量为新传动带（7~10mm），旧传动带（11~13mm）。

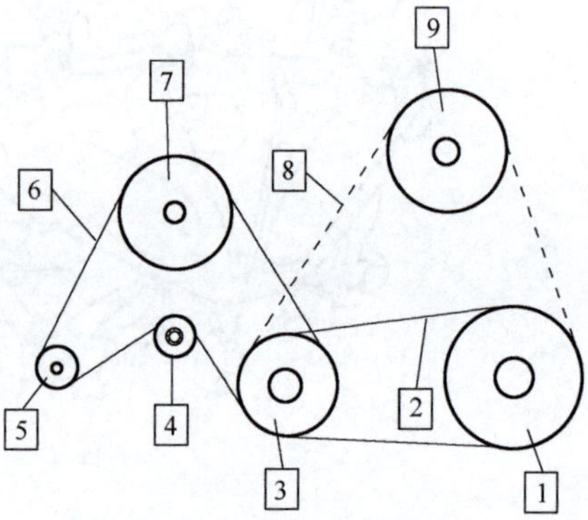

图1-12　根据配置类型检查与更换传动带

③ 检查空调压缩机和动力转向泵传动带8，在曲轴带轮3与动力转向泵9之间的中段位置，张紧力为：新传动带（450±50N），旧传动带（250±50N）；变形量为：新传动带（7~10mm），旧传动带（11~13mm）。

4）待空调不带动力转向时，若压缩机传动带过松或过紧，可通过压缩机调节支架调节压缩机位置。待传动带张紧力达到规定范围后，先拧紧压缩机两颗下螺栓，再拧紧一颗压缩机上螺栓，拧紧力矩为25±4N·m，更换时按相反方向放松传动带并拆下传动带。

5）待空调带动力转向时，若空调压缩机动力转向泵传动带过紧或过松，则以螺栓m为圆心（图1-13），按图1-28中箭头方向转动使传动带张紧。传动带张紧力达到规定的范围后，拧紧螺栓m，拧紧力矩为25±4N·m。更换时按相反方向放松传动带并拆下传动带。

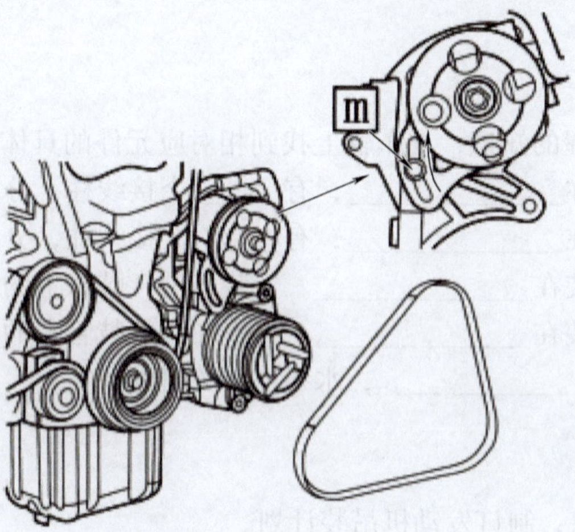

图1-13 待空调带动力转向时，检查传动带的方法示意图

【信息收集】

一、通过感受任务描述中的情景，把感受到的现象用几个关键词写出来。

二、明确工作任务，收集信息。

1. 我们的学习任务是什么？发动机附件的作用是什么？

（1）学习任务：

（2）发动机附件的作用：

2. 为顺利完成本学习任务，请按要求完成下列信息的收集。

（1）请在车上找到发动机各附件的安装位置并记录下来。

（2）写出发动机各附件的具体作用：

3. 请对照自己所掌握的知识，在车辆上找到相对应元件的具体位置，并完成下列填空。

（1）起动机：安装在______________，有______个接线柱，分别接______________。

（2）发电机：安装在______________，有______个接线柱，分别接______________。

（3）进气歧管：安装在______________，安装在进气歧管上的附件有______________。

（4）排气歧管：安装在______________，安装在排气歧管上的附件有______________。

（5）水泵：安装在______________，水泵上接的附件有______________。

【制订计划】

一、请根据所学知识，制订发动机吊装计划。

1. 列出发动机吊装所需要的工具、设备。

2. 写出吊装流程。

3. 写出吊装过程中的注意事项。

4. 查阅教材或维修手册，找到技术标准并记录。

二、请根据所学知识，制订发动机附件拆装计划。

1. 列出附件拆装所需要的工具。

2. 写出附件拆装流程。

3. 写出拆装过程中的注意事项。

4. 查阅教材或维修手册，找到技术标准并记录。

三、请在下表中选择在拆装中可能用到的工量具（在对应的选项中打√即可）。

工量具名称	选　择	
梅花扳手	□可能	□不可能
呆扳手	□可能	□不可能
棘轮扳手	□可能	□不可能
扭力扳手	□可能	□不可能
套筒	□可能	□不可能
十字螺钉旋具	□可能	□不可能
一字螺钉旋具	□可能	□不可能
手电筒	□可能	□不可能
其他（请填写具体名称）		

四、要完成本工作任务，你认为下表中哪些注意事项是必须要遵守的？请在相应的位置打√。

注 意 事 项	选　择	
工量具整齐摆放不搁地	□是	□否
“零件、油、水”不落地	□是	□否
规范使用拆装工具	□是	□否
安全操作	□是	□否
及时记录工作数据	□是	□否
更换工作完成后需要进行工作现场“6S”管理	□是	□否
其他		

五、任务分工。

按各成员所承担的角色，进行任务分工，填写表 1-1。

表 1-1　任务分工表

序　号	组　长	记 录 员	操 作 员	备　注

【实施计划】

一、请结合本小组制订的发动机总成吊装及附件拆装流程，对发动机附件进行检查，发现损坏后进行拆卸与更换，并完成表 1-2 的填写。

表 1-2　附件检查记录表

序　号	附 件 名 称	检 查 结 果	维 修 建 议
1			
2			
3			
4			
5			
6			
7			
8			

【检查与考评】

记录员根据操作员的工作过程评分，具体评分细则见表 1-3。

表 1-3　发动机总成吊装及附件拆装评分表

序号	基 本 步 骤	作 业 流 程	考 核 要 点	配分	扣分	得分
1	准备工作（10 分）	1. 工作服、手套	穿戴不规范扣 2 分/项	2		
		2. 准备工具	工具准备是否齐全	2		
		3. 举升机使用规范	举升机是否落锁	2		
		4. 检查车辆	检查流程是否正确	2		
			检查过程是否认真	2		

（续）

序号	基本步骤	作业流程	考核要点	配分	扣分	得分
2	吊下发动机（15分）	1. 使用吊装机	是否能正确使用吊装机	5		
		2. 吊下发动机	是否能正确将发动机吊下	10		
	拆卸发动机附件（25分）	1. 进气歧管拆卸	拆卸后是否清洁	5		
		2. 排气歧管拆卸	拆卸后是否清洁	5		
		3. 发电机拆卸	拆卸是否规范	5		
		4. 起动机拆卸	拆卸是否规范	5		
		5. 水泵拆卸	拆卸是否规范	5		
	安装发动机附件（25分）	1. 进气歧管安装	安装过程是否规范	5		
		2. 排气歧管安装	安装过程是否规范	5		
		3. 发电机安装	安装过程是否规范	5		
		4. 起动机安装	安装过程是否规范	5		
		5. 水泵安装	是否能调节传动带张紧度	5		
	装上发动机（15分）	1. 使用吊装机	是否能正确使用吊装机	5		
		2. 装上发动机	是否能正确将发动机装上	10		
3	6S现场（10分）	1. 安全放下车辆	检查各部件是否紧固	5		
		2. 清洁现场及收拾整理工具	扣1分/项	5		
4	合计			100		

操作时间：3h　　　　日期：　　年　　月　　日

【评价反馈】

学习内容		学习时间	
任课教师		学生姓名	

自我评价		
1. 会正确使用发动机吊装工具吗？	会□	不会□
2. 会正确拆卸进气歧管吗？	会□	不会□
3. 会正确拆卸排气歧管吗？	会□	不会□
4. 会正确拆卸起动机吗？	会□	不会□
5. 会正确拆卸发电机吗？	会□	不会□
6. 会正确拆卸水泵吗？	会□	不会□

7. 你认为自己还有哪些知识没有掌握？

8. 通过该项目的学习你认为还有哪些需要改进的地方？

（续）

小 组 评 价
1. 工作页完成情况。（　　） A. 填写完整　B. 缺失 0～20%　C. 缺失 20%～40%　D. 缺失 40% 以上
2. 能否主动与组内成员积极沟通并协助其他成员共同完成学习任务？（　　） A. 积极主动　B. 不够主动　C. 不愿协助
3. 能否主动参与工作现场的清洁和整理工作？（　　） A. 积极主动参与 6S 工作　B. 在组长的要求下参与 6S 工作 C. 在组长的要求下参与 6S 工作，但效果差　D. 不愿参与 6S 工作
4. 总体印象评价。（　　） A. 非常优秀　B. 比较优秀　C. 有待改进　D. 急需改进
5. 其他建议： 小组长签名：　　年　月　日
教 师 评 价
 教师签名：　　年　月　日

【知识巩固】

选择题：

1. （　　）是安装在进气歧管上的传感器？

A. 进气压力传感器　　B. 冷却液温度传感器

C. 转速传感器　　D. 曲轴位置传感器

2. ECU 根据（　　）信号与发动机转速来确定进入气缸内的空气量。

A. 进气压力传感器　　B. 氧传感器

C. 碰撞传感器　　D. 车速传感器

3. 发电机的作用是（　　）。

A. 给蓄电池充电　　B. 控制发动机喷油量

C. 降低发动机冷却液温度　　D. 给汽车用电设备供电

4. 起动机的作用是（　　）。

A. 带动发动机运转　　B. 控制发动机点火时刻

C. 接收曲轴位置信号　　D. 直接带动发电机工作

5. 排气歧管上的保护罩的作用是（　　）。

A. 降低汽车风阻　　B. 减少尾气排放
C. 防止发动机抖动　　D. 隔热

6. 水泵的直接作用是（　　）。
A. 保证冷却液循环流动　　B. 提高发动机转速
C. 保护发动机缸体　　D. 提升发动机的热效率

7. 机油滤清器的作用是（　　）。
A. 发动机怠速时，提供机油压力信号
B. 发动机怠速时，保持机油温度正常
C. 除去机油中的杂质，保护发动机
D. 除去机油中的水分，增强机油的润滑性能

8. 下列属于发动机附件的是（　　）。
A. ECU　　B. 点火控制器　　C. 分电器　　D. 发动机支架

9. 在安装（　　）时，需要在密封垫圈涂抹机油。
A. 发电机　　B. 进气歧管　　C. 排气歧管　　D. 机油滤清器

10. 发电机的组成不包括（　　）。
A. 定子　　B. 转子　　C. 整流器　　D. 齿轮

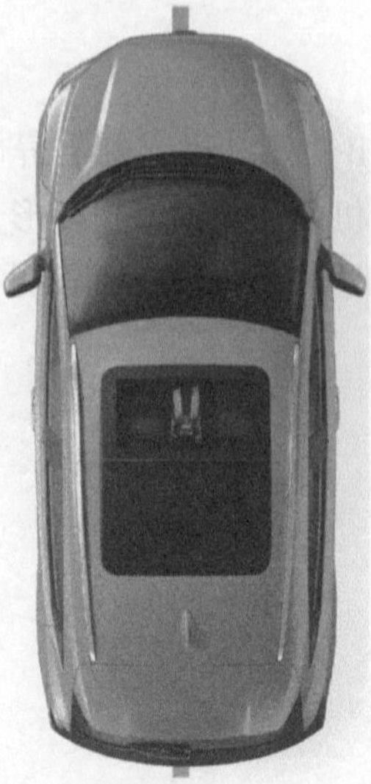

项目二

配气机构检修

配气机构是控制发动机进气和排气的装置，决定着发动机进、排气的开启和持续时间，影响着发动机的工作性能。其作用是按照发动机的工作顺序和各缸工作循环的要求，定时开启和关闭进、排气门，以便在进气行程有尽可能多的可燃混合气（汽油机）或空气（柴油机）进入气缸，在排气行程尽可能多地将废气快速排出气缸。配气机构的某些零件，常受到高温气流和载荷的冲击，且润滑条件差。在长期工作中，这些零件会产生磨损、烧蚀或变形，使其配合性质发生变化，从而影响发动机的动力性和经济性。

本项目以发动机顶置凸轮轴配气机构为例，对其组件进行检修，使学生掌握配气机构常见的损伤及检修方法。

本项目包括以下学习任务：

任务一　凸轮轴检测与更换

任务二　气门组件检测与更换

任务三　正时链条更换

任务一
凸轮轴检测与更换

【任务描述】

一辆五菱宏光汽车，装备五菱 B12 发动机，最近一段时间出现发动机上部有异响、车辆行驶无力和油耗增大的状况。经维修技师检查初步确认为发动机的凸轮轴磨损变形，需要对发动机气缸盖进行解体检查。现在，我们的工作任务是对解体后的凸轮轴进行检测，找到故障原因，并且排除故障。

【学习目标】

1. 了解凸轮轴变形的原因及对发动机性能的影响；
2. 了解凸轮轴磨损的原因及对发动机性能的影响；
3. 掌握凸轮轴变形的检测方法；
4. 掌握凸轮轴磨损的测量方法；
5. 能熟练使用千分尺、百分表等基本测量工具；
6. 能按照步骤正确完成测量过程；
7. 会填写工作页，记录检测结果。

【学习重点】

1. 凸轮轴变形磨损的检测方法；
2. 外径千分尺、百分表的使用与校正。

【学习难点】

凸轮轴变形的检测方法和凸轮轴磨损的测量方法。

【相关知识】

一、凸轮轴变形的检测

1. 凸轮轴变形对发动机性能的影响

凸轮轴是配气机构的主要驱动部件，用于控制进排气门的定时开闭，并驱动其他附件。若其表面磨蚀损伤、不光洁或弯曲变形，均将导致气门开启规律遭到破坏，使气门升程减小和气门开闭重叠时间缩短，影响配气工作的准确性，引起充气不足、废气排放不干净，并给气门杆端和挺杆的间隙调整带来困难，使汽车行驶无力，油耗增加。

2. 凸轮轴变形的原因

1）凸轮轴在铸件过程中，收缩时受到各种应力产生变形；

2）凸轮轴质量差、材料性能不良，在发动机高温高速的工作状况下，容易弯曲变形；

3）维修发动机时对凸轮轴没有进行正确的拆装，例如安装轴承盖时将位置装错导致轴承盖与轴承座不匹配，使凸轮轴径向受力不均匀。

3. 凸轮轴弯曲度的检测

（1）检测量具　检验凸轮轴弯曲所用到的量具有百分表、磁力表座和 V 形铁，如图 2-1 ~ 图 2-3 所示。

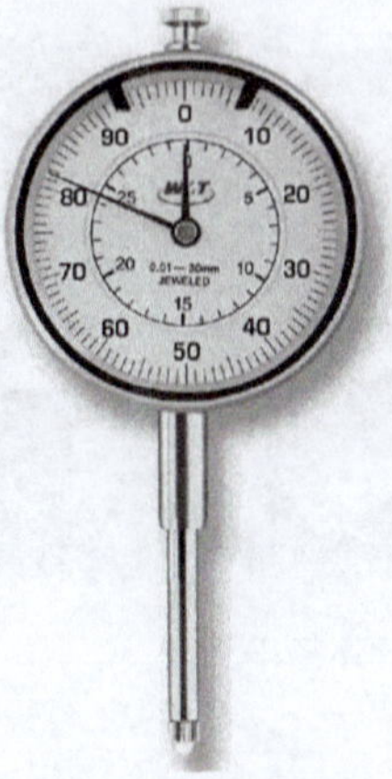

图 2-1　百分表

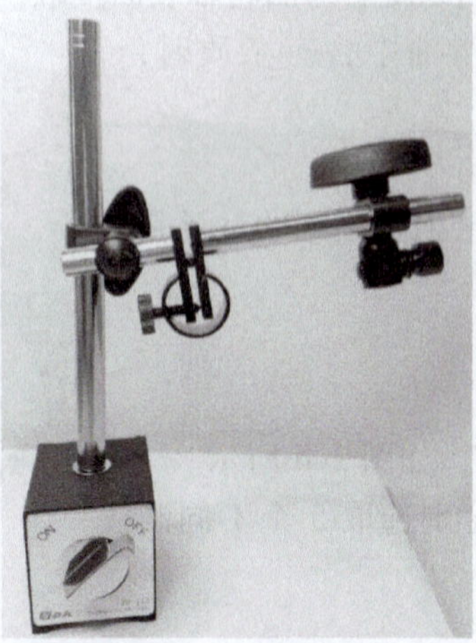

图 2-2　磁力表座

图 2-3　V 形铁

（2）检测步骤

1）清洁凸轮轴表面，准备百分表、磁力表座和 V 形铁等量具。

2）将凸轮轴放置在水平平板的 V 形铁上或者装在车床两顶针间，将校正后的百分表测针触及中部轴颈，测量其直线度。

3）转动凸轮轴一周，然后记录表针摆动的最大值和最小值，最大值与最小值之差的一半为直线度偏差（弯曲度），如图 2-4 所示。

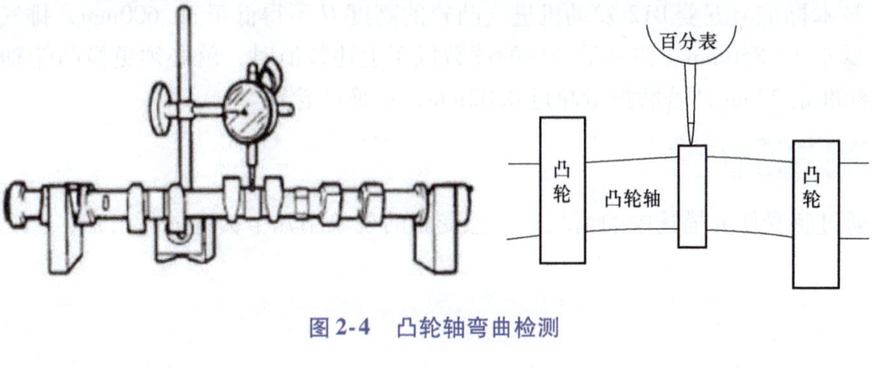

图 2-4　凸轮轴弯曲检测

（3）技术标准　五菱 B12 发动机凸轮轴直线度偏差（弯曲度）不超过 0.10mm，如果直线度偏差（弯曲度）超过 0.10mm 时，就必须对凸轮轴进行冷压校直或更换。

二、凸轮轴磨损的测量

1. 凸轮轴磨损的原因

凸轮轴磨损的原因有：

1）润滑不良。凸轮轴几乎位于发动机润滑系统的末端，润滑效率低，同时机油压力低或者轴承盖紧固螺栓拧紧力矩过大造成润滑油无法进入凸轮轴间隙，导致凸轮轴异常磨损。

2）酸性物质造成的腐蚀。汽油中均含有一定比例的硫，由于燃烧而产生氧化物，同生成物中的水结合成硫酸蒸气，它们冷凝后与凸轮轴表面接触，产生腐蚀作用。

3）磨料磨损。当凸轮轴润滑油中含有杂质时，将产生磨料磨损。

2. 凸轮轴磨损的测量

（1）测量量具　测量凸轮轴磨损所用到的量具是外径千分尺，如图 2-5 所示。

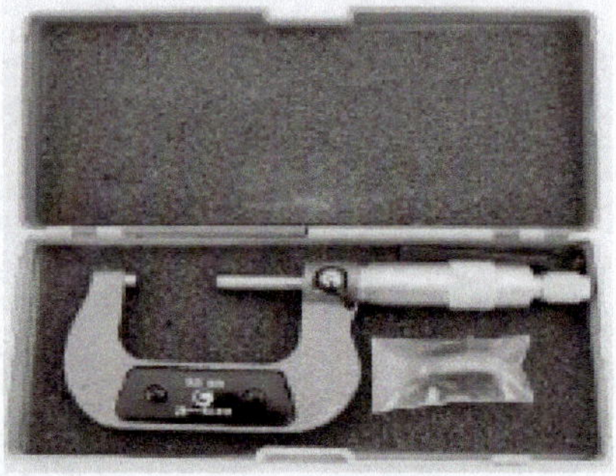

图 2-5　外径千分尺

（2）测量步骤

1）根据要求校正外径千分尺。

2）测量进排气凸轮的高度 H，如图 2-6 所示。

3）测量凸轮轴轴颈直径，分别选取 5 个不同测量点测量，如图 2-7 所示。

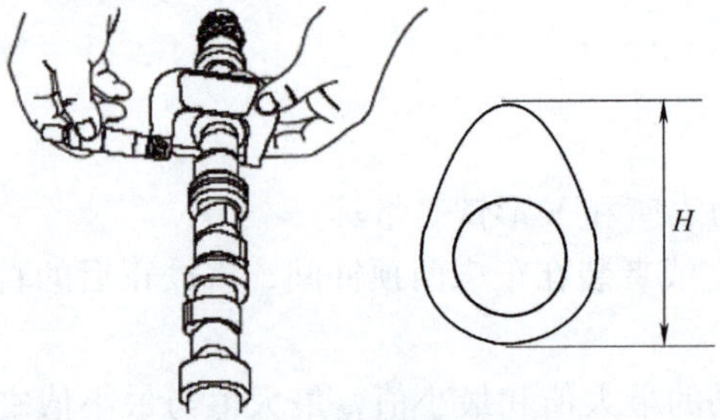

图 2-6　凸轮高度测量

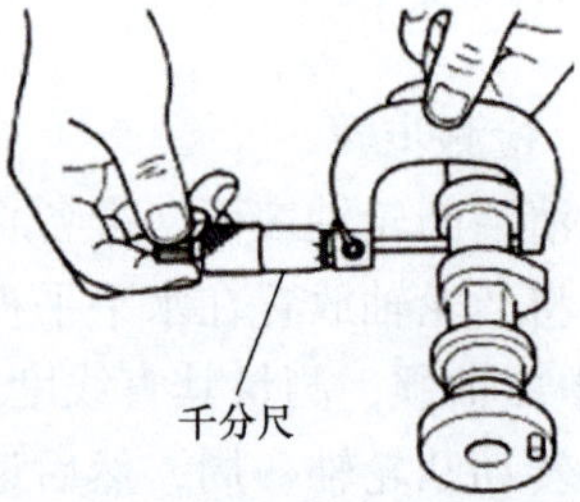

图 2-7　凸轮轴轴颈直径测量

（3）技术标准　五菱 B12 发动机进气凸轮的高度 H 不得低于 39.600mm，排气凸轮的高度 H 不得低于 38.850mm。如果千分尺的读数低于上述数值时，就必须更换凸轮轴。凸轮轴轴颈直径标准是 23mm，若磨损量超过 0.02mm，更换凸轮轴。

【信息收集】

一、通过感受任务描述中的情景，把感受到的现象用几个关键词写出来。

二、明确工作任务，收集信息。

1. 我们的学习任务是什么？凸轮轴磨损过大对发动机性能有什么影响？

（1）学习任务：

（2）凸轮轴磨损过大对发动机性能的影响有：

2. 为顺利完成本学习任务，请按要求完成下列信息的收集。

（1）查阅维修手册，该发动机的型号是______________。

（2）该发动机的凸轮轴的弯曲度是百分表测量摆动读数____________和____________之差的一半。

（3）该发动机凸轮轴的标准弯曲度不得超过________ mm，进气凸轮高度 H 不得低于________ mm，排气凸轮高度 H 不得低于________ mm。凸轮轴轴颈直径是________ mm。

（4）测量凸轮轴弯曲度所用到的量具有____________、____________和____________。

（5）测量凸轮磨损所用到的量具有______________。

【制订计划】

一、制订凸轮轴弯曲变形的检测计划。

1. 列出检测所需要的工量具。

2. 写出检测流程。

3. 写出检测过程中的注意事项。

4. 查阅教材或维修手册，找到技术标准并记录。

二、制订凸轮轴磨损的检测计划。

1. 列出检测所需要的工量具。

2. 写出检测流程。

3. 写出检测过程中的注意事项。

4. 查阅教材或维修手册，找到技术标准并记录。

三、请在下表中选择在检测中可能用到的工量具（在对应的选项中打√即可）。

工量具名称	选　择	
百分表	□可能	□不可能
磁力表座	□可能	□不可能
外径千分尺	□可能	□不可能
游标卡尺	□可能	□不可能
V 形铁	□可能	□不可能
其他（请填写具体名称）		

四、要完成本工作任务，你认为下表中哪些注意事项是必须要遵守的，请在相应的位置打√。

注 意 事 项	选　择	
工量具整齐摆放不搁地	□是	□否
零件不落地，量具轻拿轻放	□是	□否
量具使用前要清洁，使用后要保养	□是	□否
千分尺、游标卡尺校零	□是	□否
及时记录测量数据	□是	□否
维修工作完成后需要进行工作现场“6S”	□是	□否
其他		

五、任务分工。

根据各成员所承担的角色，进行任务分工，填写表2-1。

表2-1　任务分工表

序　号	组　长	记 录 员	操 作 员	备　注

【实施计划】

一、请结合本小组制订的检修计划，完成凸轮轴弯曲变形检测，凸轮轴磨损的测量并完成表2-2、表2-3及表2-4的填写。

表2-2　凸轮轴弯曲度测量作业表

测 量 点	最 大 值	最 小 值	最大值与最小值之差	弯 曲 度
1				
2				
3				

表2-3　凸轮轴凸轮高度测量作业表

测 量 位 置	1次测量高度H	2次测量高度H
一缸进气凸轮		
一缸排气凸轮		
二缸进气凸轮		
二缸排气凸轮		
三缸进气凸轮		
三缸排气凸轮		
四缸进气凸轮		
四缸排气凸轮		

表2-4　凸轮轴轴颈直径测量作业表

测量点	1	2	3	4	5
凸轮轴轴颈					

二、查阅维修手册，根据上述的所有检测结果，判断所检测的凸轮轴弯曲度和凸轮磨损程度是否符合技术要求，如果不符合，请给出维修意见。

【检查与考评】

记录员根据操作员的工作过程评分，具体评分细则见表2-5、表2-6。

表2-5 凸轮轴弯曲度检测评分标准

序号	操作步骤	操作内容	配分	评分标准	扣分	得分
1	检验前的准备工作	正确使用工量具	5	工量具使用不当，一次扣2分		
		凸轮轴的清理	5	不清理扣5分，清理不到位扣2分		
		测量具的清理	5	不清理扣5分，清理不到位扣2分		
2	测量	测量凸轮轴的弯曲度	45	测量方法不正确一次扣10分，测量结果不正确一次扣10分，未填写作业表扣10分		
3	测量结果判断及处理意见	确定是否需要修理	10	判断不正确扣10分		
		如需要修理，确定修理尺寸	20	确定修理尺寸级别不正确扣5分		
4	安全文明操作	1. 工装整洁	5	工装不整洁扣2分，不穿工作服扣5分		
		2. 操作完毕，清洁和整理工量具，清洁场地	5	每项扣1分，扣完为止		
5	分数合计		100			

操作时间：30min　　　　日期：　　年　　月　　日

表2-6 凸轮轴磨损测量项目评分标准

序号	操作步骤	操作内容	配分	评分标准	扣分	得分
1	测量前准备	1. 测量工具的检查	5	未做扣5分		
		2. 测量工具的校准	5	未做扣5分		
		3. 凸轮轴凸轮的清洁	5	未做扣5分		
		4. 直观检查凸轮是否有裂纹	5	未做扣5分		
2	凸轮高度测量	1. 测量规范	5	测量手法不正确每项扣2分		
		2. 测量部位	10	测量部位不正确每项扣2分		
		3. 测量数据准确（误差范围不超过0.02mm）	45	1. 测量数据不正确每项扣5分 2. 未填写《凸轮轴磨损测量作业表》扣5分		
3	测量结果判断及处理意见	1. 确定是否需要修理	5	判断不正确扣5分		
		2. 如需要修理，确定修理尺寸	5	确定修理尺寸级别不正确扣5分		
4	安全文明操作	1. 工装整洁	5	工装不整洁扣2分，不穿工作服扣5分		
		2. 操作完毕，清洁和整理工量具，清洁场地	5	每项扣1分，扣完为止		
5	分数合计		100			

操作时间：30min　　　　日期：　　年　　月　　日

【评价反馈】

学习内容		学习时间	
任课教师		学生姓名	

自我评价

1. 会正确使用百分表吗？	会□	不会□
2. 会测量凸轮轴的弯曲度吗？	会□	不会□
3. 会正确使用外径千分尺吗？	会□	不会□
4. 会正确使用外径千分尺测量凸轮轴磨损吗？	会□	不会□
5. 会正确读取外径千分尺上的读数吗？	会□	不会□
6. 会对测量结果进行判断分析吗？	会□	不会□

7. 你认为自己还有哪些知识没有掌握？

8. 通过该项目的学习你认为还有哪些需要改进的地方？

小组评价

1. 工作页完成情况。( )

A. 填写完整 B. 缺失 0 ~ 20% C. 缺失 20% ~ 40% D. 缺失 40% 以上

2. 能否主动与组内成员积极沟通并协助其他成员共同完成学习任务？( )

A. 积极主动 B. 不够主动 C. 不愿协助

3. 能否主动参与工作现场的清洁和整理工作？( )

A. 积极主动参与 6S 工作 B. 在组长的要求下参与 6S 工作

C. 在组长的要求下参与 6S 工作，但效果差 D. 不愿参与 6S 工作

4. 总体印象评价。( )

A. 非常优秀 B. 比较优秀 C. 有待改进 D. 急需改进

5. 其他建议：

小组长签名： 年 月 日

教师评价

教师签名： 年 月 日

【知识巩固】

一、选择题:

1. 发动机凸轮轴变形的检验，主要测量其（　　）。

A. 直线度和弯曲度　　B. 平行度和平面度

C. 垂直度和同轴度　　D. 圆度和圆柱度

2. 测量凸轮轴凸轮高度时，要用到的量具是（　　）。

A. 量缸表　　B. 内径千分尺　　C. 外径千分尺　　D. 百分表

3. 外径千分尺能准确读出（　　）。

A. 0.001mm　　B. 0.01cm　　C. 0.01mm　　D. 0.1mm

4. 凸轮轴弯曲度是读数值的最大值与最小值之（　　）的二分之一。

A. 差　　B. 和　　C. 积　　D. 商

5. 不是导致凸轮轴变形的原因是（　　）。

A. 维修人员不按技术要求拆装凸轮轴　　B. 凸轮轴铸件过程中受到应力

C. 安装凸轮轴的轴承盖未拧紧　　D. 凸轮轴在正常的工况下高速旋转

6. 不是凸轮轴磨损的部位有哪些?（　　）

A. 凸轮　　B. 凸轮轴轴颈　　C. 凸轮轴端部

7. 下面（　　）不是凸轮轴总成的组成部分。

A. 凸轮　　B. 凸轮轴轴颈　　C. 凸轮轴轴承盖　　D. 轴瓦

8. 对于凸轮轴安装，为了保证它的密封性能，在装配时，必须在（　　）下拧紧。

A. 热状态　　B. 冷状态　　C. A，B 均可　　D. A，B 均不可

9. 不是凸轮轴弯曲导致的故障现象有（　　）。

A. 汽车异响　　B. 汽车行驶无力　　C. 汽车起动困难　　D. 汽车油耗增大

10. 凸轮轴弯曲度不能超过（　　），超过则需要冷压校正和更换。

A. 0.01mm　　B. 0.10mm　　C. 1.00mm

二、填写下图中部件的名称:

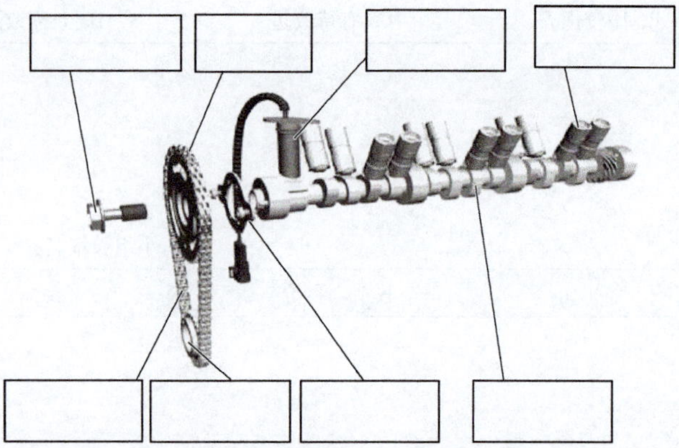

任务二
气门组件检测与更换

【任务描述】

一辆五菱宏光汽车，装备五菱 B12 发动机，最近行驶过程中出现了发动机怠速不稳且有异响、动力下降、油耗增加以及难以起动的现象。经维修技师检查初步确认为发动机气门组件有故障，导致气门密封不严漏气，需要对发动机进行解体检查。现在，我们的工作任务是对解体后发动机的气门组件的磨损程度进行检测，找到故障部位，并排除故障。

【学习目标】

1. 了解气门磨损、气门弹簧变形的原因及对发动机性能的影响；
2. 掌握气门、气门弹簧的检测方法；
3. 掌握气门磨损的测量方法；
4. 学会气门间隙的测量，能正确选配气门挺柱；
5. 能熟练使用塞尺、游标卡尺、千分尺、百分表等基本测量工具；
6. 能按照步骤正确完成测量过程；
7. 会填写工作页，记录检测结果。

【学习重点】

1. 气门、气门弹簧的检测方法；
2. 外径千分尺、百分表的使用与校正。

【学习难点】

气门间隙的测量及气门挺柱的选配。

【相关知识】

一、气门磨损的检测

1. 气门磨损对发动机性能的影响

发动机气门磨损而变形失效会使得进排气道关闭不严，导致发动机漏气；气缸压力减小，功率下降，耗油增加；严重时还会导致发动机排气冒黑烟，空气滤清器窜气，起动困难等。

2. 气门变形磨损的原因

1）气缸盖变形会导致气门机构工作轨迹异常，导致气门变形。

2）外来物体撞击，受到外力导致变形。

3）发动机工作温度过高。

4）使用维护不善，维修人员安装不符合规范。

3. 气门磨损的检测

（1）检测量具

检验气门磨损所用到的量具有外径千分尺、游标卡尺、百分表和 V 形铁，如图 2-8 ~ 图 2-11 所示。

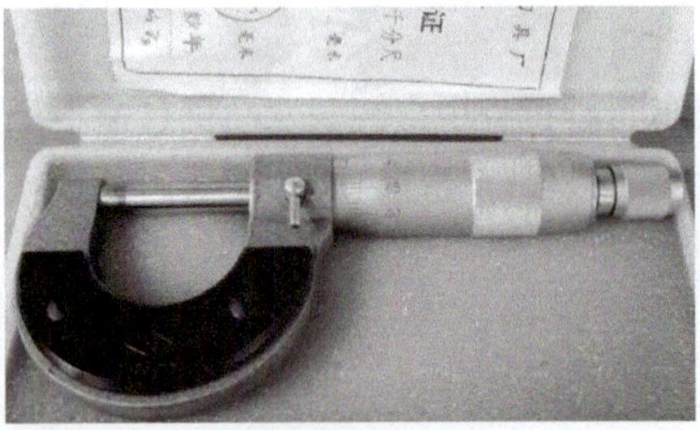

图 2-8　千分尺

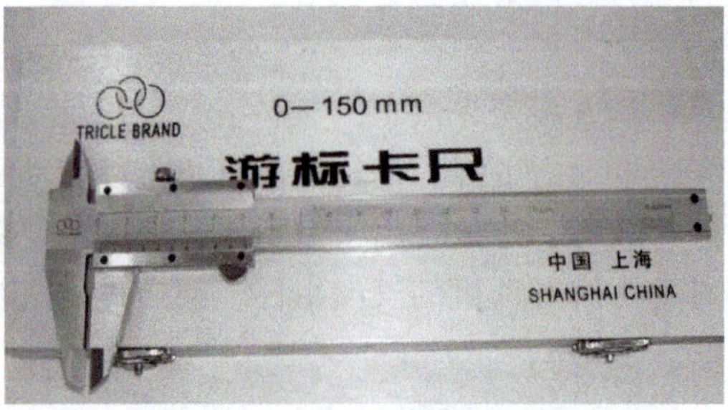

图 2-9　游标卡尺

图 2-10　百分表

图 2-11　V 形铁

（2）气门磨损的检测

1）气门与气门导管直径的测量。

① 拆下气门，同时清洁气门表面，准备并清洁千分尺、内径千分表等量具。

② 使用千分尺、内径千分表测量气门杆部和气门导管的直径，检查气门与导管的配合间隙，如图 2-12 所示。

③ 技术标准：五菱 B12 发动机的气门导管与气门杆部的直径之差即配合间隙。进气门与气门导管的配合间隙不得超过 0.070mm，排气门与气门导管的配合间隙不得超过 0.090mm；如果超过了，就必须更换气门或气门导管。

2）气门杆端部终端偏斜测量。

① 如果没有千分尺则使用百分表测量气门杆端部的终端偏斜，在气缸盖上的④⑤的方向移动气门端部，百分表的读数表示气门杆端部的终端偏斜，如图 2-13 所示。

② 技术标准：五菱 B12 发动机的进气门杆端部的终端偏斜应小于 0.12mm，排气门杆端

部的终端偏斜应小于0.16mm，如果超过了，就必须更换气门和气门导管。

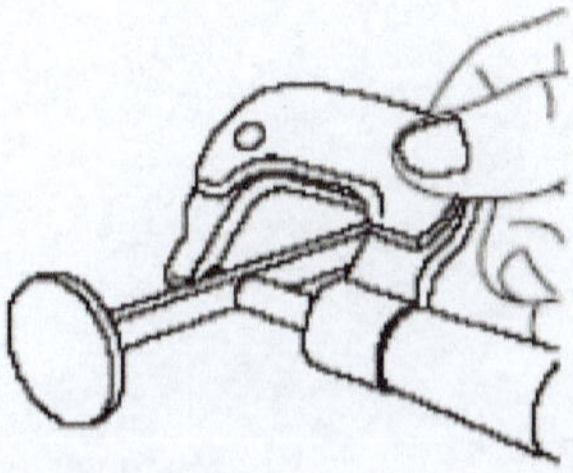

图2-12　气门与气门导管直径的测量

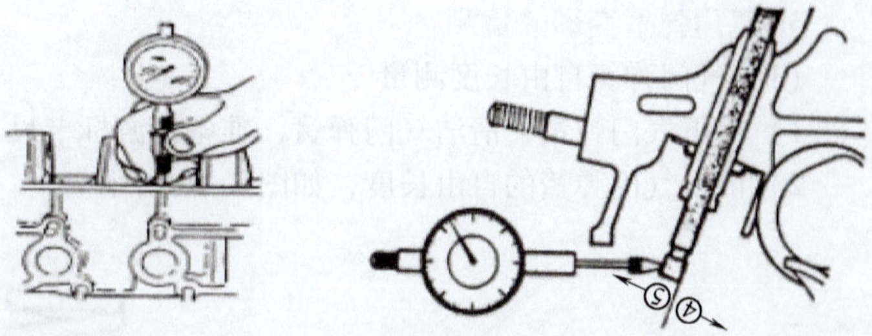

图2-13　气门杆端部终端偏斜测量

3）气门大端厚度测量。

① 使用游标卡尺测量气门大端厚度，如图2-14所示。

② 技术标准：五菱B12发动机的进气门大端的厚度应不小于1.275mm，排气门大端的厚度应不小于1.355mm，如果气门大端的厚度小于以上值，就必须更换气门。

4）气门45°锥面径向跳动测量。

① 在水平的平台上，用磁力表座固定百分表，把气门放置在V形铁上，旋转气门，百分表上跳动的读数即为气门45°锥面径向跳动量，如图2-15所示。

② 技术标准：为保证气门与阀座的密封性，气门45°锥面径向跳动量不得超过0.03mm，如果超过这个限度就必须更换气门。

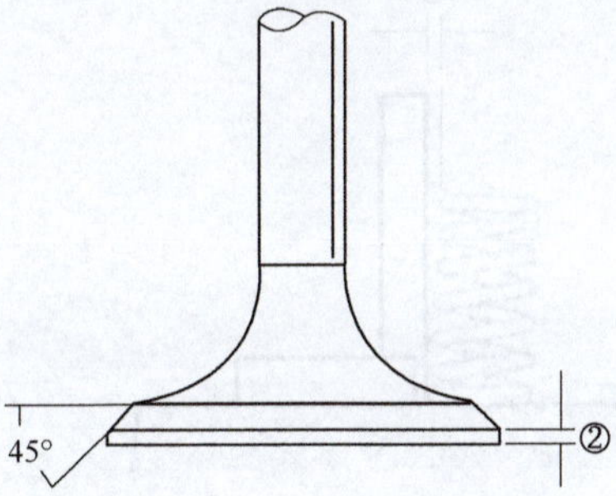

图2-14　气门大端厚度测量

图2-15　气门45°锥面径向跳动测量

二、气门弹簧变形的检测

1. 气门弹簧变形对发动机性能的影响

气门弹簧变形会导致进排气道关闭不严，导致发动机漏气、气缸压力减小、功率下降、耗油增加。严重时还会导致发动机排气冒黑烟、空气滤清器窜气、起动困难现象。

2. 气门弹簧变形的原因

气门弹簧变形的原因：

① 气门弹簧材质不良或者发动机温度过高；

② 气门间隙调整不当；

③ 气门弹簧安装错误；

④ 外力导致气门弹簧变形。

3. 气门弹簧变形的检测

（1）气门弹簧自由长度测量

1）拆下气门弹簧，清洁气门弹簧，准备好游标卡尺。

2）测量气门弹簧的自由长度，如图 2-16 所示。

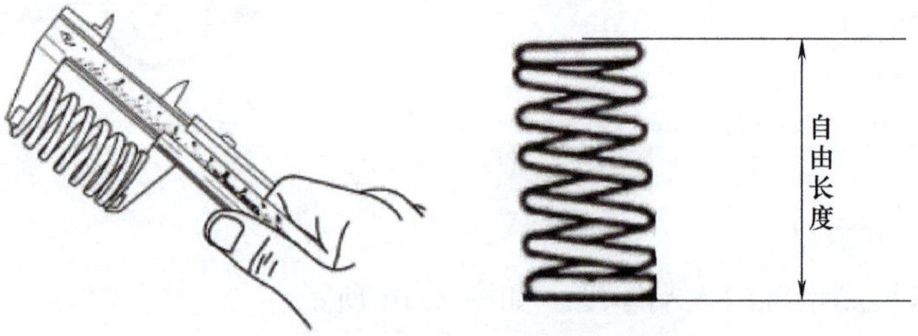

图 2-16　气门弹簧自由长度的测量

3）技术标准：气门弹簧的自由长度，如果小于 43.67mm，就需要更换气门弹簧。

（2）气门弹簧垂直度测量

1）检测气门弹簧垂直度需要用到直角尺，如图 2-17 所示。

2）图中①的地方即为垂直度，如图 2-18 所示。

图 2-17　直角尺

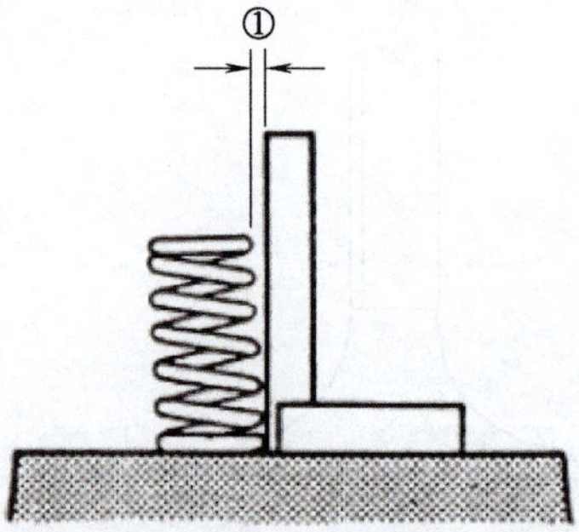

图 2-18　气门弹簧垂直度测量

3）技术标准：气门弹簧的垂直度，如超过 2°，就需要更换气门弹簧。

（3）气门弹簧负载测量　检测气门弹簧在规定高度下的负载，如图 2-19 所示。气门弹簧压缩至 25.7mm 时负荷为 210 ± 8.4N。若低于标准值，更换气门弹簧。

三、气门挺柱的更换

1. 气门间隙测量

断开蓄电池负极，拆下凸轮轴罩盖，用塞尺测量气门间隙，如图 2-20 所示。若超过标准范围，更换气门挺柱。

技术标准：进气门间隙是 0.075 ~ 0.125mm，排气门间隙是 0.245 ~ 0.295mm。

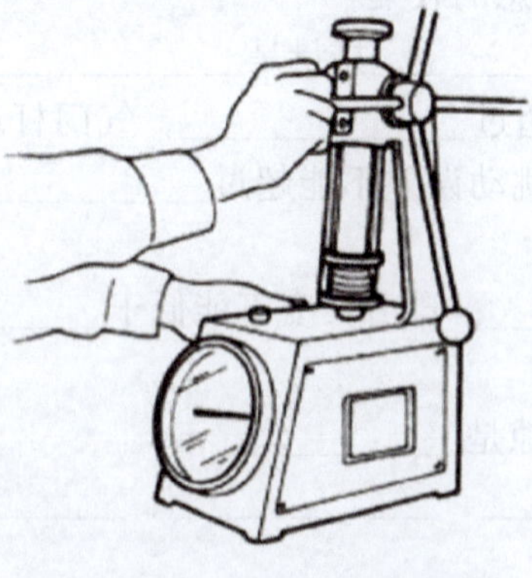

图 2-19 气门弹簧负载测量

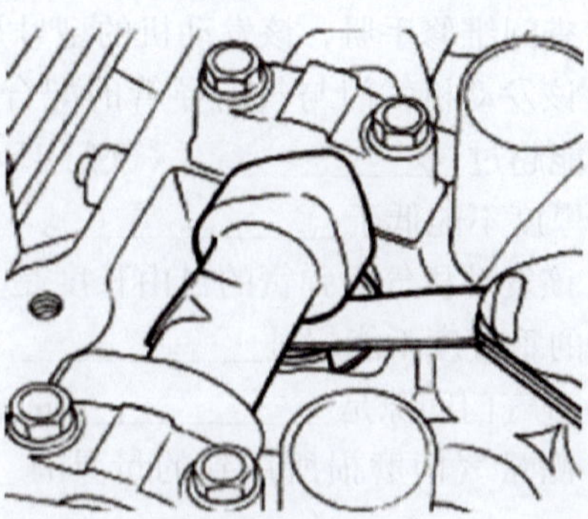

图 2-20 气门间隙测量

2. 气门挺柱选配

1）测量旧挺柱厚度，计算优选挺柱厚度。优选挺柱厚度 = 旧挺柱厚度 + 旧气门间隙 - 标准气门间隙。气门挺柱从 01 ~ 40 共 40 个级别，每个级别相差 0.02mm，气门挺柱级别及厚度印在内侧底部。如 01-312 表示 01 级，厚度为 3.12mm，以此类推。

2）在新挺柱上作好标记，避免混淆。

3. 气门挺柱更换

1）拆下凸轮轴总成。

2）用磁性工具小心取下气门挺柱。

3）按照拆卸的相反顺序安装。

注意： 按照安装顺序做好标记并倒置放好，以防止机油流失。处理挺柱的时候要保持绝对的清洁，不可划伤或损坏挺柱表面。如果不能注意这些要点将会导致发动机发生故障。

【信息收集】

一、通过感受任务描述中的情景，把感受到的现象用几个关键词写出来。

二、明确工作任务，收集信息。

1. 我们的学习任务是什么？气门磨损和气门弹簧变形对发动机性能有什么影响？

（1）学习任务：

（2）气门磨损过大、气门弹簧变形对发动机性能的影响：

2. 为顺利完成本学习任务，请按要求完成下列信息的收集。

（1）查阅维修手册，该发动机的型号是______________，排量是______________。

（2）该发动机气门与气门导管的配合间隙不能超过______________，气门杆端部的终端偏斜不能超过______________，气门 45°锥面径向跳动误差不能超过______________，气门大端的厚度不能低于______________。

（3）该发动机气门弹簧的自由长度是____________，自由长度不能低于____________，气门弹簧的垂直度不能超过____________。

（4）进气门间隙是____________ mm，排气门间隙是____________ mm。

（5）测量气门磨损所用到的量具有_____________、_____________、_____________、_____________。

（6）检测气门弹簧所用到的量具有______________和______________。

3. 写出气门磨损、气门弹簧变形的检测内容。

【制订计划】

一、制订气门磨损的检测计划。

1. 列出检测所需要的工量具。

2. 写出检测流程。

3. 写出检测过程中的注意事项。

4. 查阅教材或维修手册，找到技术标准并记录。

二、制订气门弹簧、气门间隙的检测计划。

1. 列出检测所需要的工量具。

2. 写出检测流程。

3. 写出检测过程中的注意事项。

4. 查阅教材或维修手册，找到技术标准并记录。

三、请在下表中选择在检测中可能用到的工量具（在对应的选项中打√即可）。

工量具名称	选　择	
游标卡尺	□可能	□不可能
V 形铁	□可能	□不可能
千分尺	□可能	□不可能
百分表	□可能	□不可能
直角尺	□可能	□不可能
钢直尺	□可能	□不可能
塞尺	□可能	□不可能
其他（请填写具体名称）		

四、要完成本工作任务，你认为下表中哪些注意事项是必须要遵守的？请在相应的位置打√。

注 意 事 项	选　择	
工量具整齐摆放不搁地	□是	□否
零件不落地，量具轻拿轻放	□是	□否
量具使用前要清洁，使用后要保养	□是	□否
千分尺、游标卡尺和百分表校零	□是	□否
及时记录测量数据	□是	□否
维修工作完成后需要进行工作现场“6S”管理	□是	□否
其他		

五、任务分工。

根据各成员所承担的角色，进行任务分工，填写表2-7。

表2-7 任务分工表

序号	组长	记录员	操作员	备注

【实施计划】

一、请结合本小组制订的检修计划，完成气门磨损测量、气门弹簧变形的检测，并完成表2-8、表2-9及表2-10的填写。

表2-8 气门磨损测量作业表

检测内容	气门杆部直径	气门导管直径	终端偏斜	锥面径向跳动	气门大端厚度
检测数值					

表2-9 气门弹簧变形检测作业表

检测内容	气门弹簧自由长度	气门弹簧垂直度	气门弹簧负载
检测数值			

表2-10 气门间隙检测作业表

	1缸	2缸	3缸	4缸
进气门				
排气门				

二、查阅维修手册，根据上述的所有检测结果，判断所检测的气门、气门弹簧及气门间隙是否符合技术要求，如果不符合，请给出维修意见。

【检查与考评】

记录员根据操作员的工作过程评分，具体评分细则见表2-11、表2-12。

表2-11 气门磨损检验评分标准

序号	操作步骤	操作内容	配分	评分标准	扣分	得分
1	检验前的准备工作	正确使用工量具	5	工量具使用不当，一次扣2分		
		气门的清理	5	不清理扣5分，清理不到位扣2分		
		测量具的清理	5	不清理扣5分，清理不到位扣2分		

（续）

序号	操作步骤	操作内容	配分	评分标准	扣分	得分
2	测量	测量气门的配合间隙	15	测量方法不正确一次扣5分，测量结果不正确一次扣10分，未填写作业表扣5分		
		测量气门杆端部的终端偏斜	15	测量方法不正确一次扣5分，测量结果不正确一次扣10分，未填写作业表扣5分		
		测量气门45°锥面的径向跳动	15	测量方法不正确一次扣5分，测量结果不正确一次扣10分，未填写作业表扣5分		
		测量气门大端的厚度	15	测量方法不正确一次扣5分，测量结果不正确一次扣10分，未填写作业表扣5分		
3	测量结果判断及处理意见	确定是否需要修理	10	判断不正确扣10分		
		如需要修理，确定修理尺寸	5	确定修理尺寸级别不正确扣5分		
4	安全文明操作	1. 工装整洁	5	工装不整洁扣2分，不穿工作服扣5分		
		2. 操作完毕，清洁和整理工量具，清洁场地	5	每项扣1分，扣完为止		
5	分数合计		100			

操作时间：30min　　　　　　　　　　　　　　　　　日期：　　年　　月　　日

表2-12　气门弹簧检验评分标准

序号	操作步骤	操作内容	配分	评分标准	扣分	得分
1	检验前的准备工作	正确使用工量具	5	工量具使用不当，一次扣2分		
		气门弹簧的清理	5	不清理扣5分，清理不到位扣2分		
		测量工具的清理	5	不清理扣5分，清理不到位扣2分		
2	测量	测量气门弹簧自由长度	30	测量方法不正确一次扣5分，测量结果不正确一次扣10分，未填写作业表扣5分		
		测量气门弹簧垂直度	30	测量方法不正确一次扣5分，测量结果不正确一次扣10分，未填写作业表扣5分		
3	测量结果判断及处理意见	确定是否需要修理	10	判断不正确扣10分		
		如需要修理，确定修理尺寸	5	确定修理尺寸级别不正确扣5分		
4	安全文明操作	1. 工装整洁	5	工装不整洁扣2分，不穿工作服扣5分		
		2. 操作完毕，清洁和整理工量具，清洁场地	5	每项扣1分，扣完为止		
5	分数合计		100			

操作时间：30min　　　　　　　　　　　　　　　　　日期：　　年　　月　　日

【评价反馈】

学习内容		学习时间	
任课教师		学生姓名	

自我评价		
1. 会正确使用千分尺吗？	会□	不会□
2. 会测量气门的45°径向跳动量吗？	会□	不会□
3. 会正确测量气门杆端部的终端偏斜吗？	会□	不会□
4. 会正确使用游标卡尺测量气门弹簧自由长度吗？	会□	不会□
5. 会正确测量气门弹簧的垂直度吗？	会□	不会□
6. 会正确测量气门间隙吗？	会□	不会□
7. 会对测量结果进行判断分析吗？	会□	不会□
8. 你认为自己还有哪些知识没有掌握？		
9. 通过该项目的学习你认为还有哪些需要改进的地方？		

小组评价
1. 工作页完成情况。（　　） A. 填写完整　B. 缺失0~20%　C. 缺失20%~40%　D. 缺失40%以上
2. 能否主动与组内成员积极沟通并协助其他成员共同完成学习任务？（　　） A. 积极主动　B. 不够主动　C. 不愿协助
3. 能否主动参与工作现场的清洁和整理工作？（　　） A. 积极主动参与6S工作　B. 在组长的要求下参与6S工作 C. 在组长的要求下参与6S工作，但效果差　D. 不愿参与6S工作
4. 总体印象评价。（　　） A. 非常优秀　B. 比较优秀　C. 有待改进　D. 急需改进
5. 其他建议： 小组长签名：　　年　　月　　日

（续）

教师评价
教师签名：　　　年　　月　　日

【知识巩固】

一、选择题：

1. 发动机气门弹簧变形的检测，主要测量其（　　）。
A. 直线度和同轴度　　B. 平行度和平面度
C. 垂直度和自由长度　　D. 圆度和圆柱度
2. 测量气门杆端部的终端偏斜时，应该读（　　）。
A. 最大读数　　B. 最小读数
C. 中间值读数　　D. 任一读数
3. 外径千分尺能准确读出（　　）。
A. 0.001mm　　B. 0.01cm　　C. 0.01mm　　D. 0.1mm
4. 不是气门磨损的原因是（　　）。
A. 发动机温度过高　　B. 气门安装不规范
C. 发动机受到外力撞击　　D. 气门间隙太大
5. 检测气门弹簧垂直度需要的量具是（　　）。
A. 钢直尺　　B. 直角尺　　C. 游标卡尺　　D. 米尺
6. 气门弹簧失效，不会导致（　　）。
A. 发动机漏气　　B. 发动起动困难
C. 发动机机油泄漏　　D. 异响
7. 下面（　　）不是气门组的组成部分。
A. 气门　　B. 气门锁片　　C. 气门摇臂轴　　D. 轴瓦
8. 五菱 B12 发动机的气门弹簧垂直度应低于（　　）。
A. 1°　　B. 2°　　C. 3°　　D. 4°
9. 气门组由（　　）共同组成。
A. 气门、气门锁片、气门弹簧
B. 气门、气门垫圈、气门摇臂轴
C. 气门、气门锁片、气门摇臂
D. 气门、气门垫圈、气门摇臂轴弹簧
10. 气门与气门导管的配合间隙等于气门导管直径与气门杆部直径之（　　）。
A. 和　　B. 差　　C. 积　　D. 商

二、填写下图中部件的名称：

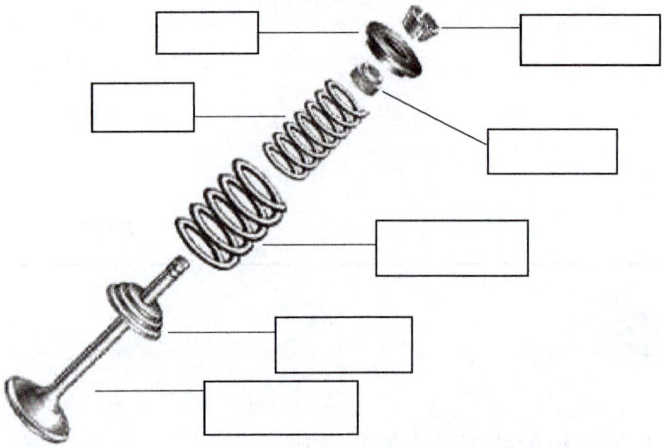

任务三 正时链条更换

【任务描述】

一辆五菱宏光汽车，装备五菱 B12 发动机，最近这段时间车辆怠速时抖动严重，且出现动力下降、油耗高的状况，加速时还有异响。经维修技师检查初步确认为发动机的正时链条有问题，需要对发动机正时链条进行更换。现在，我们的工作任务是对发动机的正时链条进行更换，找到故障部位，并排除故障。

【学习目标】

1. 理解正时链条磨损变长对发动机性能的影响；
2. 掌握正时链条的更换方法；
3. 能熟练使用更换正时链条的工具；
4. 能按照步骤正确完成更换过程；
5. 会填写工作页，记录检测结果。

【学习重点】

五菱 B12 发动机正时链条的更换方法。

【学习难点】

五菱 B12 发动机正时链条的装配。

【相关知识】

一、正时链条磨损

1. 正时链条磨损变长对发动机性能的影响

正时链条是发动机重要零部件，它的主要作用是用来驱动发动机的配气机构，使发动机的进、排气门在适当的时候开启或关闭，来保证发动机气缸能够正常地吸气和排气。正时链条长期使用会因磨损而变长，导致点火正时不对，出现发动机油耗高、动力下降，以及发动机抖动严重、怠速不稳的现象，严重时可能出现正时链条跳齿，配气相位错乱，活塞顶部与气门发生干涉。一般情况下，车辆行驶 8 万-10 万 km 正时链条需要进行检查，视情况进行维修更换。

2. 正时链条磨损变长的原因

1）车辆在恶劣环境下使用，机油容易受污染而品质下降，如不及时更换机油以及机油滤清器，会导致正时链条磨损。

2）正时链条材质不良，高温高速工况下导致变形。

3）受到外力的撞击，使得正时链条变长。

3. 正时链条更换的步骤

（1）拆卸正时链条

1）按顺时针方向旋转曲轴两圈，将曲轴带轮上的记号对准发动机前盖上的正时检查记号刻线，如图 2-21 所示。

2）拆下发动机前盖。

具体步骤为：

① 拆下传动带；

② 拆下空调压缩机、发电机、前吊钩、油尺管支架、水泵及其支架；

③ 松开凸轮轴罩盖与发动机前盖的连接螺栓；

④ 拆下变速器总成；

⑤ 拆下油底壳；

⑥ 用工具固定飞轮，拆下曲轴带轮螺栓，拆下曲轴带轮，如图 2-22 所示；

⑦ 按对角线顺序拆下发动机前盖螺栓，拆下发动机前盖，如图 2-23 所示。

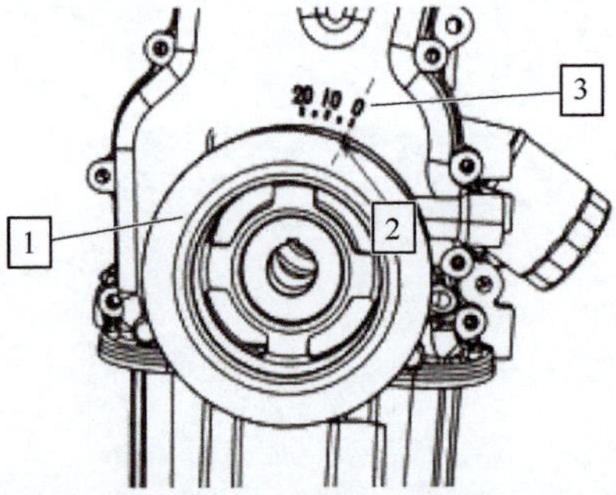

图 2-21　正时检查记号对准

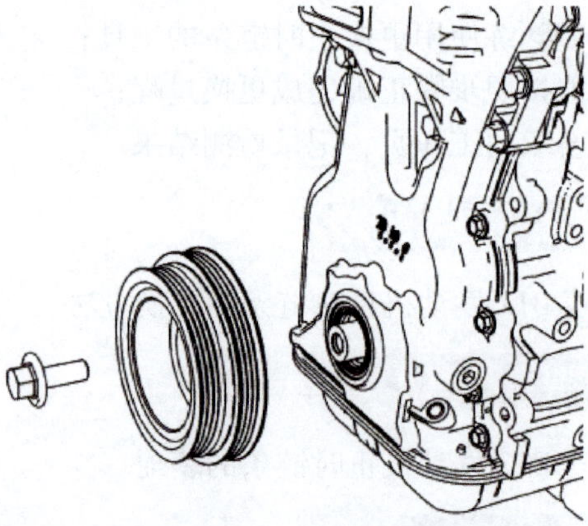

图 2-22　拆下曲轴带轮

3）松开正时张紧器螺栓，拆下正时张紧器。

4）松开进气侧正时链导轨螺栓，拆下进气侧正时链导轨。

5）拆下正时链。

> **注意：** 拆下正时链后不要再旋转曲轴或凸轮轴。

（2）安装正时链条

按照拆卸的相反顺序进行安装：

1）顺时针旋转曲轴，让曲轴链轮上的正时标记 g 与缸体上的三角标记 f 对齐，进气凸轮轴上的正时标记 e 与正时链上的色标 d 对齐，排气凸轮轴上的正时标记 b 与正时链上的另一色标 a 对齐，如图 2-24 所示。

2）拧紧正时链导轨螺栓，拧紧力矩为 10±2N·m，拧紧正时张紧器螺栓，拧紧力矩为 10±2N·m。

3）按照与拆卸的相反程序进行后面的步骤。

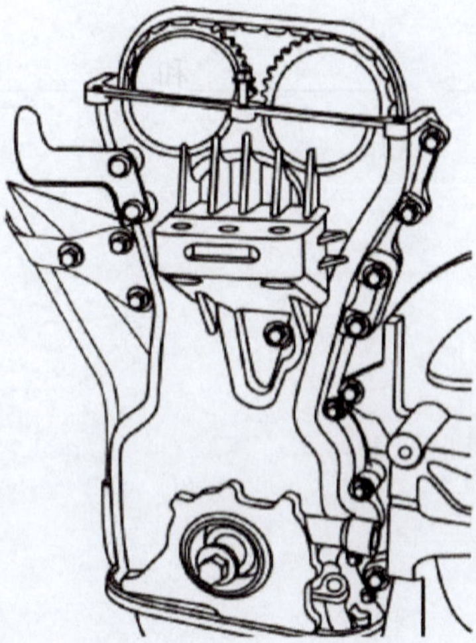

图 2-23 拆下发动机前盖

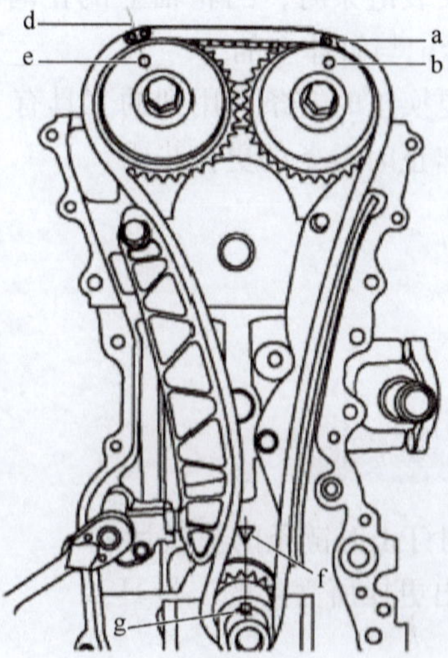

图 2-24 对齐正时标记

【信息收集】

一、通过感受任务描述中的情景，把感受到的现象用几个关键词写出来。

二、明确工作任务，收集信息。

1. 我们的学习任务是什么？正时链条磨损变长对发动机性能有什么影响？

（1）学习任务：

（2）正时链条磨损变长对发动机性能的影响：

2. 为顺利完成本学习任务，请按要求完成下列信息的收集。

（1）查阅维修手册，该发动机的型号是______________，排量是______________。

(2) 拆卸正时链条时，转动曲轴，使曲轴带轮上的记号与发动机前盖上 0 刻度线______________。

(3) 链条张紧器的作用是______________。

(4) 安装链条时，凸轮轴上的正时标记与正时链上的色标______________，曲轴链轮上的正时标记与缸体上的______________标记对齐。

(5) 更换正时链条所用到的工具有____________、____________和____________。

3. 写出正时链条的更换步骤。

【制订计划】

一、制订正时链条的更换计划

1. 列出更换所需要的工量具。

2. 写出更换流程。

3. 写出更换过程中的注意事项。

4. 查阅教材或维修手册，找到技术标准并记录。

二、请在下表中选择在检测中可能用到的工量具（在对应的选项中打√即可）。

工量具名称	选　择	
呆扳手	□可能	□不可能
梅花扳手	□可能	□不可能
T 型杆套筒	□可能	□不可能

（续）

工量具名称	选　择	
一字螺钉旋具	□可能	□不可能
十字螺钉旋具	□可能	□不可能
扭力扳手	□可能	□不可能
棘轮扳手	□可能	□不可能
其他（请填写具体名称）		

三、要完成本工作任务，你认为下表中哪些注意事项是必须要遵守的？请在相应的位置打√。

注意事项	选　择	
工具整齐摆放不搁地	□是	□否
零件不落地，工具轻拿轻放	□是	□否
工具使用前要清洁，使用后要保养	□是	□否
拆卸后的零件摆放整齐	□是	□否
清洁正时链轮	□是	□否
维修工作完成后需要进行工作现场“6S”管理	□是	□否
其他		

四、任务分工。

根据各成员所承担的角色，进行任务分工，填写表2-13。

表2-13　任务分工表

序　号	组　长	记　录　员	操　作　员	备　注

【实施计划】

一、请结合本小组制订的正时链条更换计划，完成正时链条的更换，并记录存在的问题。

二、查阅维修手册，检查正时链条的装配是否符合技术要求，并画出正时记号简图。

【检查与考评】

记录员根据操作员的工作过程评分，具体评分细则见表 2-14。

表 2-14　正时链条更换的评分标准

序号	操作步骤	操作内容	配分	评分标准	扣分	得分
1	更换前的准备工作	正确使用拆装工具	10	工量具使用不当，一次扣 5 分		
		工具的准备	10	准备不齐，一次扣 5 分		
2	更换	拆卸正时链条	25	测量方法不正确，一次扣 10 分		
		安装正时链条	25	安装方法不正确，一次扣 10 分		
3	检查	检查松紧程度	10	未检查扣 10 分		
		检查正时标记	10	未检查扣 10 分		
4	安全文明操作	工装整洁	5	工装不整洁扣 2 分，不穿工作服扣 5 分		
		操作完毕，清洁和整理工量具，清洁场地	5	每项扣 1 分，扣完为止		
5	分数合计		100			

操作时间：30min　　　　日期：　　年　　月　　日

【评价反馈】

学习内容		学习时间	
任课教师		学生姓名	

自我评价		
1. 会正确拆卸正时链条吗？	会□	不会□
2. 会正确拆卸链条张紧器吗？	会□	不会□
3. 会正确安装正时链条吗？	会□	不会□
4. 会正确对齐正时标记吗？	会□	不会□

5. 你认为自己还有哪些知识没有掌握？

6. 通过该项目的学习你认为还有哪些需要改进的地方？

（续）

小组评价			
1. 工作页完成情况。（　　）			
A. 填写完整	B. 缺失 0～20%	C. 缺失 20%～40%	D. 缺失 40% 以上
2. 能否主动与组内成员积极沟通并协助其他成员共同完成学习任务？（　　）			
A. 积极主动	B. 不够主动	C. 不愿协助	
3. 能否主动参与工作现场的清洁和整理工作？（　　）			
A. 积极主动参与 6S 工作		B. 在组长的要求下参与 6S 工作	
C. 在组长的要求下参与 6S 工作，但效果差		D. 不愿参与 6S 工作	
4. 总体印象评价。（　　）			
A. 非常优秀	B. 比较优秀	C. 有待改进	D. 急需改进
5. 其他建议： 小组长签名：　　　年　　月　　日			
教师评价			
  教师签名：　　　年　　月　　日			

【知识巩固】

一、选择题：

1. 发动机正时链条磨损变长会导致（　　）。

A. 动力下降　　B. 机油压力变高　　C. 怠速不稳　　D. 配气相位错乱

2. 正时链条相比正时带的优点（　　）。

A. 噪音小　　B. 耐磨损　　C. 传动速度快　　D. 不易变形

3. 正时链条减振器的作用（　　）。

A. 固定链条　　B. 减少振动　　C. 降低噪音　　D. 减少磨损

4. 发动机配气相位错乱的原因是（　　）。

A. 机油油压过高　　B. 正时标记没对齐

C. 发动机温度过高　　D. 正时链条型号不对

5. 张紧器的作用是（　　）。

A. 张开正时链条　　B. 压紧正时链条　　C. 保护正时链条

6. 正时链标记与凸轮轴链轮标记（　　）对齐。

A. 0　　B. 1　　C. △　　D. ○

7. 下面（　　）不是配气机构的组成部分。

A. 凸轮轴　　B. 正时链条　　C. 气门　　D. 活塞

8. 正时链条（　　）公里需要更换。

A. 5 万　　B. 1 万　　C. 15 万　　D. 9 万

9. 正时链条的作用是（　　）。

A. 增加机油压力　　B. 冷却发动机

C. 驱动配气机构　　D. 校正喷油提前角

10. 正时链条安装完成后，不需要（　　）。

A. 马上起动发动机　　B. 检查正时标记

C. 检查松紧程度　　D. 打开点火开关

二、按图填写正时链条的零部件名称：

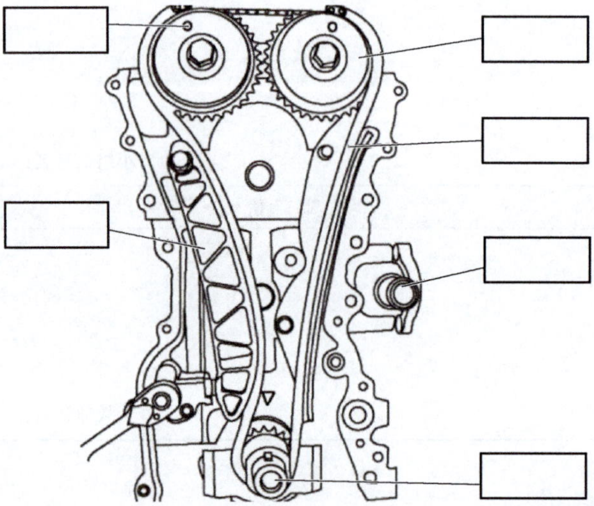

项目三

曲柄连杆机构检修

曲柄连杆机构的功用是将燃料燃烧时产生的热能转变为机械能，通过连杆将活塞的往复直线运动变为曲轴的旋转运动而对外输出动力。曲柄连杆机构由机体组、活塞连杆组和曲轴飞轮组三部分组成。在发动机运转时，曲柄连杆机构的零部件因承受高温、高压、高速摩擦和各种冲击负荷带来的损伤而导致发动机出现故障。在发动机故障中曲柄连杆机构的故障率较高，所以对于发动机曲柄连杆机构的检修具有重要的意义。

本项目主要学习发动机曲柄连杆机构的检修作业，使学生深层次认识曲柄连杆机构的组成与结构，进一步掌握曲柄连杆机构零部件的检修方法。

本项目包括以下学习任务：

任务一　气缸体、气缸盖及气缸检测

任务二　活塞、活塞环及活塞销检测

任务三　飞轮、曲轴及轴承检测

任务一 气缸体、气缸盖及气缸检测

【任务描述】

一辆五菱宏光汽车，装备五菱 B12 发动机，最近这段时间出现加速无力、油耗增大的状况，加速时还伴有排气管冒蓝烟的现象。经维修技师检查初步确认为气缸磨损及缸体或缸盖有变形，需要对发动机进行解体检查。现在，我们的工作任务是对解体后发动机的气缸体、气缸盖及气缸的磨损程度进行检测，找到故障部位，并排除故障。

【学习目标】

1. 了解气缸体、气缸盖变形的原因及对发动机性能的影响；
2. 了解气缸磨损的原因及对发动机性能的影响；
3. 掌握气缸体和气缸盖变形的检测方法；
4. 掌握气缸磨损的测量方法；
5. 能熟练使用刀口尺、千分尺、量缸表等基本测量工具；
6. 能按照步骤正确完成测量过程；
7. 会填写工作页，记录检测结果。

【学习重点】

1. 气缸体和气缸盖平面度测量方法与技术要求；
2. 量缸表的组装与校正。

【学习难点】

气缸磨损的测量方法及圆度误差和圆柱度误差的计算。

【相关知识】

一、气缸体变形的检测

1. 气缸体变形对发动机性能的影响

气缸体上平面产生翘曲变形后，将会造成气缸密封不严、引起发动机漏油、漏水、漏气，甚至会引起缸内燃气冲坏气缸垫，还会导致曲轴主轴承座孔轴线偏移，气缸轴线与曲轴主轴承座孔轴线垂直度被破坏，严重影响发动机的装配质量。

2. 气缸体变形的原因

1）缸体在铸造和机械加工时，有残余应力，由于零件的时效处理不足，造成内应力很大，高温时内应力重新分布。

2）曲柄连杆机构往复运动产生的力作用在气缸体上，导致气缸产生拉压、弯曲和扭转作用，使气缸体平面翘曲变形。

3）在拧紧气缸盖螺栓时，未按规定顺序拧紧，拧紧力矩过大或不均匀，以及在高温下拆卸气缸盖等违规作业。

4）发动机长期在高转速、大负荷条件下工作，温度过高、润滑不足烧瓦抱轴等导致气缸体变形。

3. 气缸体变形的检测

（1）检测量具　检验气缸体变形所用到的量具有刀口尺和塞尺，如图 3-1 和图 3-2 所示。

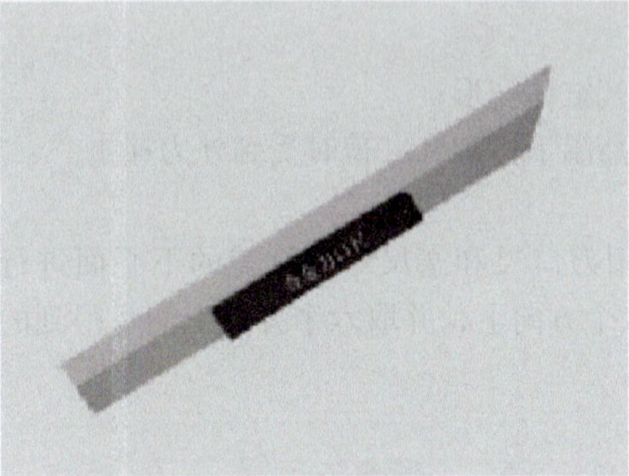

图 3-1　刀口尺

图 3-2　塞尺

（2）检测步骤

1）清洁气缸体上平面。准备并清洁刀口尺、塞尺等量具。

2）将刀口尺轻轻斜放到气缸平面上，待测量时再竖直，使刀口与平面接触。选择适当厚度的塞尺，在刀口尺与气缸体平面之间，沿着刀口尺的长度方向插试。若塞尺正好插入刀口尺与缸体平面之间，则该塞尺厚度为气缸体上平面平面度误差值。

3）沿着气缸体平面长度、宽度以及斜向六个位置分别检测气缸体上平面的平面度误差值并记录，如图 3-3 和图 3-4 所示。

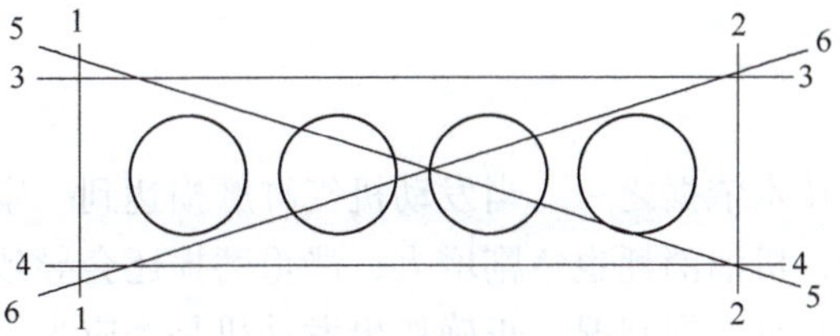

图 3-3　气缸体平面度检测位置

图 3-4　气缸体平面度检测方法

(3) 技术标准　一般气缸体上平面的平面度误差，每 50×50mm 范围内均应不大于 0.05mm，在整个平面上应不大于 0.20mm。

二、气缸盖变形的检测

1. 气缸盖变形对发动机性能的影响

气缸盖变形会造成发动机漏油、漏水和漏气，冲坏气缸垫，出现冒白烟、蓝烟、回火、起动困难、动力下降、耗油量增大和异响增多等现象。

2. 气缸盖变形的原因

气缸盖变形的原因有：

1）气缸盖螺栓的拧紧力矩和拧紧方法不符合规范；

2）气缸套高出气缸体上平面过多，或各气缸套高低不一，或气缸盖螺栓拧紧力矩不均匀，使气缸盖翘曲变形；

3）气缸体上平面不平，造成气缸盖受热后随气缸体变形；

4）气缸盖材质不合格，受热后变形量大，或高温下拆卸气缸盖时受到外力撞击。

3. 气缸盖变形的检测

气缸盖变形的检测方法和气缸体类似，也是用刀口尺和塞尺对气缸盖的下平面进行测量，如图 3-5 所示，检查的位置在图 3-6 所示的六个方向上，并取六个方向上测量得到的最大值为气缸盖下平面的平面度误差。

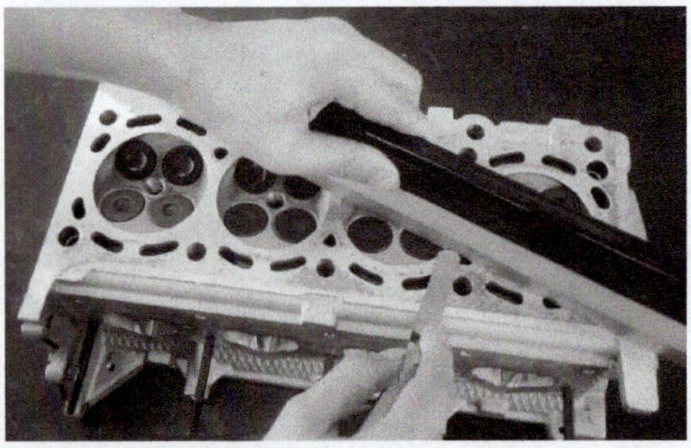

图 3-5　气缸盖变形检测方法

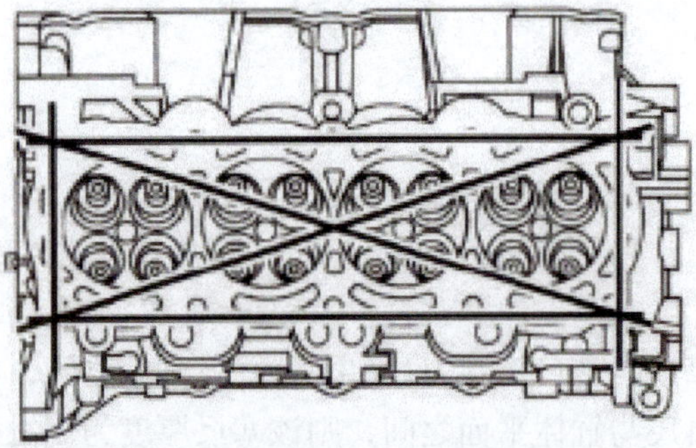

图 3-6　气缸盖平面度检测位置

技术标准：气缸盖平面度误差，每 50×50mm 范围内，铸铁气缸盖不大于 0.025mm，铝合金气缸盖不大于 0.05 mm；气缸盖长度不大于 600mm 缸盖，铸铁气缸盖不大于 0.10mm，铝合金气缸盖不大于 0.15 mm。

三、气缸磨损的测量

1. 气缸磨损过大对发动机性能的影响

气缸磨损程度是发动机是否需要大修的重要技术依据之一。当发动机气缸磨损达到一定程度后，发动机的动力性和燃油经济性明显下降，机油消耗也急剧增大，严重磨损还会导致缸内活塞抱死，车辆无法起动。因此，通过测量气缸磨损状况，正确作出发动机是否应当大修的准确判断，对提高发动机修理质量以及发动机的动力性和经济性都有很大的作用。

2. 气缸磨损的原因

气缸磨损的原因有：

① 润滑不良。发动机起动后，活塞环会在气缸壁上布油，由于气缸上部的润滑条件较差，不能形成良好的油膜，使气缸上部与活塞环形成干摩擦，造成气缸磨损。

② 酸性物质造成的腐蚀。汽油中均含有一定比例的硫，由于燃烧而产生氧化物，同生成物中的水结合成硫酸蒸气，它们冷凝后与缸壁接触，产生腐蚀作用。

③ 高压造成的机械磨损。发动机工作时，活塞环在自身弹力和气体压力作用下，紧压在气缸壁上。当活塞在气缸中往复运动时，由于相对摩擦而产生机械磨损，其磨损的程度取决于活塞环作用于气缸壁上的正压力的大小。

④ 磨料磨损。当进入气缸的空气中夹有尘土或机油中含有杂质时，将产生磨料磨损。

3. 气缸磨损的测量

（1）测量量具　测量气缸磨损所用到的量具有量缸表、千分尺和游标卡尺，如图 3-7、图 3-8 和图 3-9 所示，量缸表组装后如图 3-10 所示。

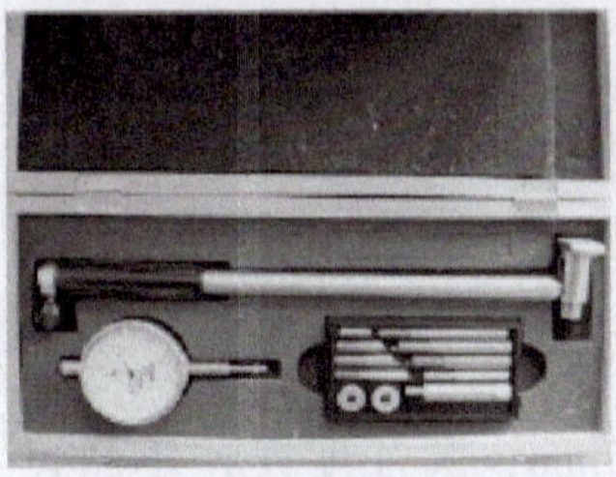

图 3-7　量缸表

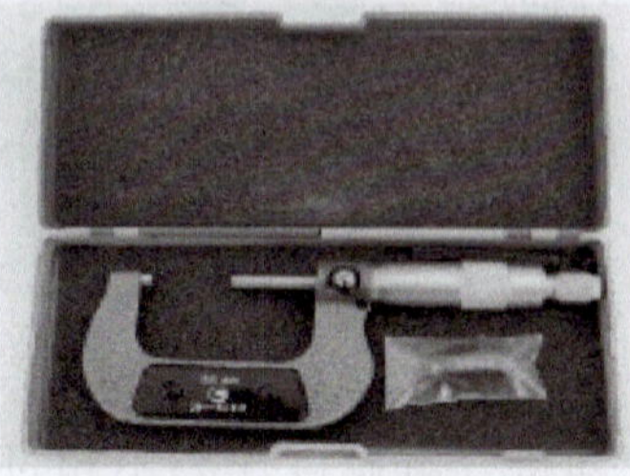

图 3-8　千分尺

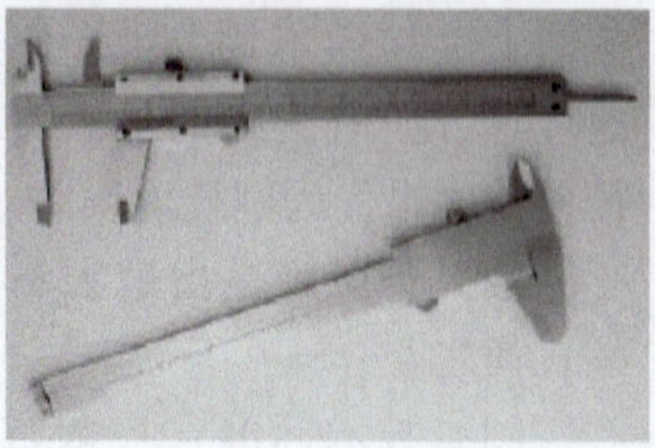

图 3-9　游标卡尺

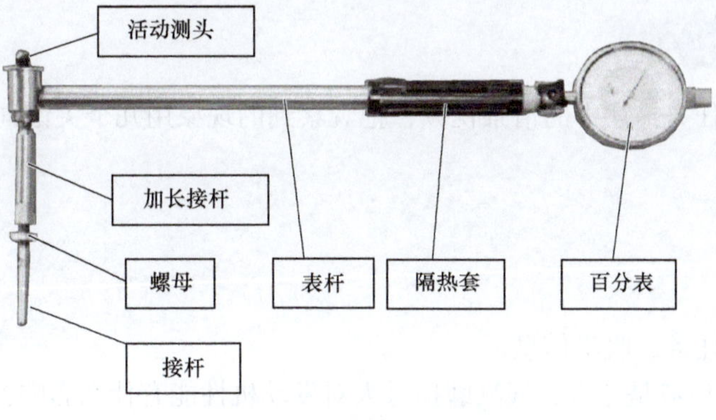

图 3-10　量缸表的组装

（2）测量步骤

1）把内径百分表装在表杆的上端，并使表盘朝向测量杆的活动点，以便于观察，使表盘的短针有 1 ~ 2mm 的压缩量。

2）根据气缸的直径，选择合适的测量接杆，并将其固定在量缸表的下端。接杆固定好后与活动测量杆的总长度应与被测气缸的尺寸相适应。

3）校正量缸表的尺寸，将千分尺校正到被测气缸的标准尺寸，再将量缸表校准到千分尺的尺寸，并使伸缩杆有2mm左右的压缩行程，旋转表盘，使表针对正零位。

4）将量缸表的测量杆伸入到气缸上部测量第一道活塞环在上止点位置时所对应的气缸壁，根据气缸的磨损规律，分别测量平行、垂直方向两组数值的磨损量。

5）将量缸表下移，用同样方法测量气缸中部和下部的磨损。气缸中部为上、下止点间的中间位置；气缸下部为距离气缸下边缘10mm左右处，如图3-11所示。

6）将所测得的各组数据分别填入表中，并计算其圆度误差、圆柱度误差及最大磨损量，最后确定该发动机的处理方法。

圆度误差是指同一截面上磨损的不均匀性，用同一横截面上不同方向测得的最大直径与最小直径差值之半作为圆度误差。

圆柱度误差是指沿气缸轴线的轴向截面上磨损的不均匀性，用被测气缸表面任意方向所测得的最大直径与最小直径差值之半作为圆柱度误差。

最大磨损量是指最大测量直径与标准直径之差。

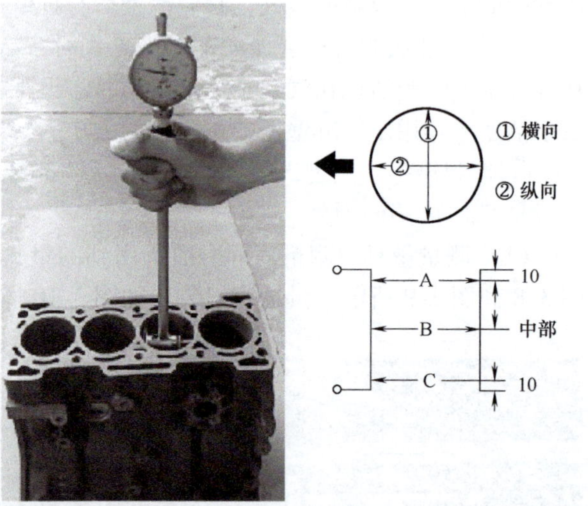

图3-11　气缸测量位置

（3）技术标准　一般汽油发动机气缸圆度误差不超过0.05mm，圆柱度误差不超过0.175mm，气缸磨损尺寸与标准尺寸的差值不大于0.08mm。五菱B12发动机气缸圆度误差不超过0.005mm，圆柱度误差不超过0.008mm。

【信息收集】

一、通过观看任务描述中的情景视频，把观察到的现象用几个关键词写出来。

二、明确工作任务，收集信息。

1. 我们的学习任务是什么？气缸磨损过大对发动机性能有什么影响？

（1）学习任务：

（2）气缸磨损过大对发动机性能的影响：

2. 为顺利完成本学习任务，请按要求完成下列信息的收集。

（1）查阅维修手册，该发动机的型号是______________，排量是______________。

（2）该气缸体上平面的平面度误差是______________，气缸盖下平面的平面度误差是______________，平面度检测用到的量具是______________和______________。

（3）该发动机气缸的标准直径是______________，圆度误差是______________，圆柱度误差是______________，最大磨损量______________。

（4）测量气缸磨损所用到的量具有______________、______________和______________。

3. 写出气缸盖变形的检验方法。

【制订计划】

一、制订气缸盖和气缸体变形的检测计划。

1. 列出检测所需要的工量具。

2. 写出检测流程。

3. 写出检测过程中的注意事项。

4. 查阅教材或维修手册，找到技术标准并记录。

二、制订气缸磨损的检测计划。

1. 列出检测所需要的工量具。

2. 写出检测流程。

3. 写出检测过程中的注意事项。

4. 查阅教材或维修手册，找到技术标准并记录。

三、请在下表中选择在检测中可能用到的工量具（在对应的选项中打√即可）。

工量具名称	选　择	
刀口尺	□可能	□不可能
塞尺	□可能	□不可能
千分尺	□可能	□不可能
游标卡尺	□可能	□不可能
量缸表	□可能	□不可能
钢直尺	□可能	□不可能
气缸压力表	□可能	□不可能
其他（请填写具体名称）		

四、要完成本工作任务，你认为下表中哪些注意事项是必须要遵守的？请在相应的位置打√。

注 意 事 项	选　择	
工量具整齐摆放不搁地	□是	□否
零件不落地，量具轻拿轻放	□是	□否
量具使用前要清洁，使用后要保养	□是	□否
千分尺、游标卡尺校零	□是	□否
及时记录测量数据	□是	□否
维修工作完成后需要进行工作现场“6S”管理	□是	□否
其他		

五、任务分工。

根据各成员所承担的角色，进行任务分工，填写表3-1。

表 3-1　任务分工表

序　号	组　长	记 录 员	操 作 员	备　注

【实施计划】

一、请结合本小组制订的检修计划，完成气缸盖、气缸体变形检验及气缸磨损的测量，并完成表 3-2、表 3-3 及表 3-4 的填写。

表 3-2　气缸盖平面度测量作业表

位置号	测量点 1	测量点 2	测量点 3	测量点 4	测量点 5	平面度
纵向 1						
纵向 2						
横向 1						
横向 2						
对角线 1						
对角线 2						

表 3-3　气缸体平面度测量作业表

位置号	测量点 1	测量点 2	测量点 3	测量点 4	测量点 5	平面度
纵向 1						
纵向 2						
横向 1						
横向 2						
对角线 1						
对角线 2						

表 3-4　气缸磨损测量作业表

测量前准备					
千分尺 校正前读数			量缸表 测量杆长度		
气缸号	位置号	直径 1（纵向）	直径 2（横向）	圆　度	圆柱度
1	位置 1（上部）				
	位置 2（中部）				
	位置 3（下部）				

（续）

气缸号	位置号	直径 1（纵向）	直径 2（横向）	圆　度	圆柱度
2	位置 1（上部）				
	位置 2（中部）				
	位置 3（下部）				
3	位置 1（上部）				
	位置 2（中部）				
	位置 3（下部）				
4	位置 1（上部）				
	位置 2（中部）				
	位置 3（下部）				

二、查阅维修手册，根据上述的所有检测结果，判断所检测的气缸盖和气缸体是否符合技术要求，如果不符合，请给出维修意见。

【检查与考评】

记录员根据操作员的工作过程评分，具体评分细则见表 3-5、表 3-6。

表 3-5　气缸体和气缸盖变形的检验评分标准

序号	操作步骤	操作内容	配分	评分标准	扣分	得分
1	检验前的准备工作	正确使用工量具	5	工量具使用不当，一次扣 2 分		
		气缸体和气缸盖的清理	5	不清理扣 5 分，清理不到位扣 2 分		
		测量工具的清理	5	不清理扣 5 分，清理不到位扣 2 分		
2	测量	测量气缸体上平面	30	测量方法不正确一次扣 5 分，测量结果不正确一次扣 10 分，未填写作业表扣 5 分		
		测量气缸盖下平面	30	测量方法不正确一次扣 5 分，测量结果不正确一次扣 10 分，未填写作业表扣 5 分		
3	测量结果判断及处理意见	确定是否需要修理	10	判断不正确扣 10 分		
		如需要修理，确定修理尺寸	5	确定修理尺寸级别不正确扣 5 分		
4	安全文明操作	1. 工装整洁	5	工装不整洁扣 2 分，不穿工作服扣 5 分		
		2. 操作完毕，清洁和整理工量具，清洁场地	5	每项扣 1 分，扣完为止		
5	分数合计		100			

操作时间：30min　　　　日期：　　年　　月　　日

表 3-6　气缸磨损测量项目评分标准

序号	操作步骤	操作内容	配分	评分标准	扣分	得分
1	测量前准备	1. 测量工具的设定	8	未做扣 8 分		
		2. 测量工具的零校准	4	未做扣 4 分		
		3. 气缸清洁	3	未做扣 3 分		
		4. 直观检查气缸垂直划痕	5	未做扣 5 分		
2	气缸测量	1. 测量规范	10	测量手法不正确每项扣 2 分		
		2. 测量部位	10	测量部位不正确每项扣 2 分		
		3. 测量数据准确（误差不超过 0.02mm）	25	1. 测量数据不正确每项扣 2 分 2. 未填写《气缸磨损测量作业表》扣 5 分		
3	计算	1. 气缸圆柱度计算	10	1. 计算不正确每项扣 2 分 2. 未填写《气缸磨损测量作业表》扣 5 分		
		2. 气缸圆度计算	10	1. 计算不正确每项扣 2 分 2. 未填写《气缸磨损测量作业表》扣 5 分		
4	测量结果判断及处理意见	1. 确定是否需要修理	5	判断不正确扣 5 分		
		2. 如需要修理，确定修理尺寸	5	确定修理尺寸级别不正确扣 5 分		
5	安全文明操作	1. 工装整洁	2	工装不整洁扣 1 分，不穿工作服扣 2 分		
		2. 操作完毕，清洁和整理工量具，清洁场地	3	每项扣 1 分，扣完为止		
6	分数合计	100				

操作时间：30min　　　　日期：　　年　　月　　日

【评价反馈】

学习内容		学习时间	
任课教师		学生姓名	

自我评价		
1. 会正确使用刀口尺吗？	会□	不会□
2. 会测量气缸盖和气缸体的平面度吗？	会□	不会□
3. 会正确组装量缸表吗？	会□	不会□
4. 会正确使用量缸表测量气缸磨损吗？	会□	不会□
5. 会正确读取量缸表上的读数吗？	会□	不会□
6. 会对测量结果进行判断分析吗？	会□	不会□

（续）

7. 你认为自己还有哪些知识没有掌握？

8. 通过该项目的学习你认为还有哪些需要改进的地方？

小 组 评 价

1. 工作页完成情况。（　　）
A. 填写完整　　B. 缺失 0～20%　　C. 缺失 20%～40%　　D. 缺失 40% 以上

2. 能否主动与组内成员积极沟通并协助其他成员共同完成学习任务？（　　）
A. 积极主动　　B. 不够主动　　C. 不愿协助

3. 能否主动参与工作现场的清洁和整理工作？（　　）
A. 积极主动参与 6S 工作　　B. 在组长的要求下参与 6S 工作
C. 在组长的要求下参与 6S 工作，但效果差　　D. 不愿参与 6S 工作

4. 总体印象评价。（　　）
A. 非常优秀　　B. 比较优秀　　C. 有待改进　　D. 急需改进

5. 其他建议：

小组长签名：　　　年　　月　　日

教 师 评 价

教师签名：　　　年　　月　　日

【知识巩固】

一、选择题：

1. 发动机气缸磨损的检验，主要测量其（　　）。
A. 直线度和同轴度　　B. 平行度和平面度
C. 垂直度和圆跳动　　D. 圆度和圆柱度

2. 测量气缸直径时，当量缸表指示到（　　）时，即表示接杆垂直于气缸轴线。

A. 最大读数　　B. 最小读数　　C. 中间值读数　　D. 任一读数

3. 外径千分尺能准确读出（　　）。

A. 0.001mm　　B. 0.01cm　　C. 0.01mm　　D. 0.1mm

4. 气缸盖螺栓的紧定要求是（　　）。

A. 一定要拧紧　　B. 按顺序分次拧紧

C. 按规定力矩拧紧　　D. 按工艺规范拧紧

5. 气缸体有（　　）种排列方式。

A. 2 种　　B. 3 种　　C. 4 种　　D. 6 种

6.（　　）用来封闭气缸的上部，并与活塞顶、气缸壁共同构成燃烧室。

A. 气缸体　　B. 气缸盖　　C. 气缸室罩盖　　D. 油底壳

7. 下面（　　）不是机体组的组成部分。

A. 油底壳　　B. 气缸体　　C. 气缸盖　　D. 连杆

8. 对于铝合金气缸盖，为了保证它的密封性能，在装配时，必须在（　　）下拧紧。

A. 热状态　　B. 冷状态　　C. A，B 均可　　D. A，B 均不可

9. 燃烧室由（　　）共同组成。

A. 气缸盖　气缸壁　活塞顶部

B. 气缸盖　活塞顶部　进气总管

C. 气缸壁　活塞顶部　进气总管

D. 气缸盖　气缸壁　进气总管

10. 水冷发动机的气缸体和（　　）常制成一体。

A. 活塞　　B. 曲轴箱　　C. 气缸盖　　D. 气门室

二、按图填写机体组的主要零部件名称：

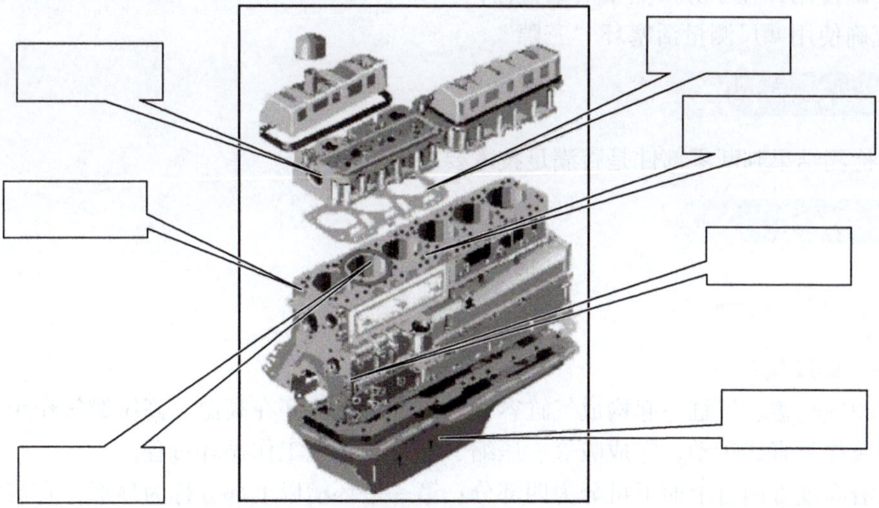

任务二
活塞、活塞环及活塞销检测

【任务描述】

一辆五菱宏光汽车，装备五菱 B12 发动机，发动机起动后在气缸体部位出现“嗒嗒”的响声，怠速时响声明显，缓慢加速至中速以上，响声减弱。经维修技师检查初步判断是活塞异响、活塞连杆组有故障，需要对发动机进行解体检查。现在，我们的工作任务是对解体后发动机的活塞连杆组进行检测，找到故障部位，并排除故障。

【学习目标】

1. 了解活塞连杆组各构件的结构及功用；
2. 了解活塞、活塞环、活塞销磨损的原因及对发动机性能的影响；
3. 掌握活塞、活塞环、活塞销的检测方法；
4. 能熟练使用游标卡尺、千分尺、内径量表等基本测量工具；
5. 能按照步骤正确完成测量过程；
6. 会填写工作页，记录检测结果。

【学习重点】

1. 正确使用外径千分尺测量活塞直径；
2. 正确使用塞尺测量活塞环“三隙”。

【学习难点】

根据检测结果判断零部件是否满足技术要求。

【相关知识】

一、活塞的检测

1. 活塞的结构特点

活塞和气缸盖、气缸一起构成气缸容积和燃烧室。活塞在高温、高压燃气作用下，在气缸里做高速往复直线运动，完成吸气、压缩、做功、排气工作循环过程。

活塞沿高度方向自上而下可分为四部分：第一道环槽以上部分称为顶部，它与气缸共同构成燃烧室的一部分；活塞环槽区域称为环槽部，用于安装活塞环；活塞销座部分称为销座部，用于安装活塞销；活塞销座以下部分称为裙部，它对活塞的往复运动起导向作用，同时承受侧压力。

2. 活塞的常见损伤

活塞的常见损伤有活塞环槽磨损、活塞裙部磨损、活塞销座孔磨损、活塞的刮伤及活塞烧顶等。

3. 活塞直径的测量

用外径千分尺测量，测量部位应在垂直于活塞销轴线的方向上，距离活塞裙部端面 $H=15$mm 高度处，如图 3-12 所示。五菱 B12 发动机的活塞直径标准为 (69.68±0.07)mm。若有活塞超过标准，在发动机大修时应更换全部活塞。

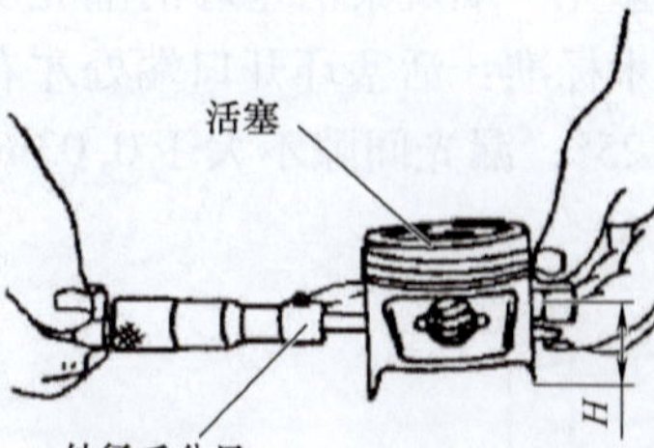

图 3-12　活塞直径测量

4. 活塞与气缸壁间隙的检查

检查活塞与气缸壁的间隙，如图 3-13 所示。标准的间隙为 0.02～0.04mm，维修极限为 0.08mm。可通过气缸直径与活塞裙部直径之差计算出来，如图 3-14 所示。如果间隙接近或超过了维修极限，需要检查活塞和气缸体是否过度磨损。五菱 B12 发动机的配缸间隙为 0.0035mm。

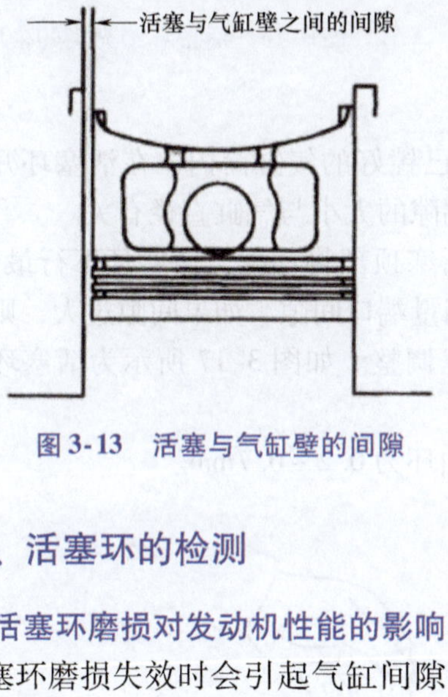

图 3-13　活塞与气缸壁的间隙

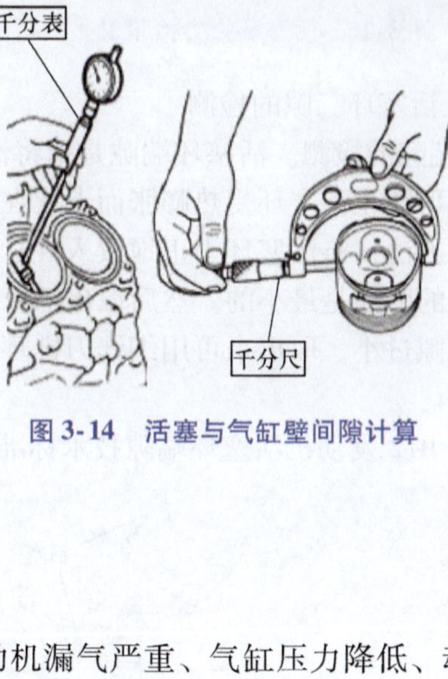

图 3-14　活塞与气缸壁间隙计算

二、活塞环的检测

1. 活塞环磨损对发动机性能的影响

活塞环磨损失效时会引起气缸间隙增大、发动机漏气严重、气缸压力降低、动力性下降、油耗增加、机油消耗异常严重、发动机排气管冒蓝烟等现象，严重时还会引起汽车发动机起动困难。

2. 活塞环磨损的原因

影响活塞环磨损的因素很多，其中活塞环的材料和形状、气缸套及活塞的材料和结构、润滑状态、发动机的结构形式、运转条件、燃油和机油的品质等是主要因素。当然，在同一气缸中，润滑状态对活塞环磨损的影响是最大的，活塞环的磨损在很大程度上取决于润滑状态。

3. 活塞环的检测

（1）活塞环弹力的检测　活塞环的弹力是指使活塞环端隙达到规定值时作用在活塞环上的径向力。弹力过大会加剧气缸的磨损，过小则会使气缸密封性变差。图 3-15 所示的活塞环弹力检验仪可进行活塞环弹力的检测。

（2）活塞环漏光度的检测　将活塞环放入合格的气缸内孔中，使其安装位置正确，其轴线与气缸孔轴线相一致，用一遮体遮住活塞环的中空部分，在活塞环的另一侧放置一光源，从遮光一端观察活塞环的漏光度，以判定它与气缸内孔的贴合情况，如图 3-16 所示。

技术标准：活塞环开口端处左右 30°范围内不许有漏光的存在，其他部分漏光区的夹角不大于 25°，漏光间隙不大于 0.03mm，同一环上漏光弧长总和≤45°。

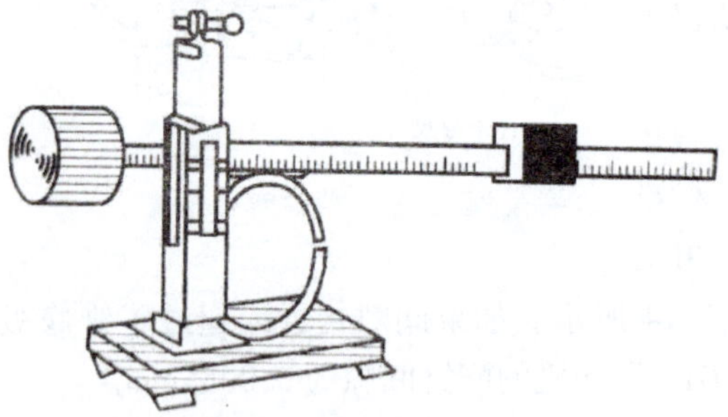

图 3-15　活塞环弹力检验仪

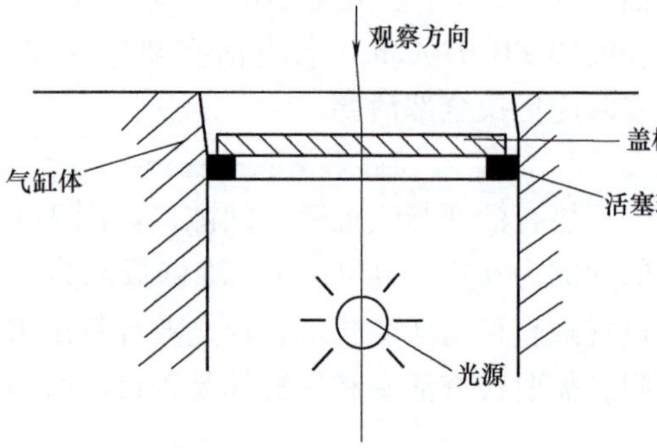

图 3-16　活塞环漏光度的检测

（3）活塞环三隙的检测

1）端隙的检测。活塞环端隙是指将活塞环置入已镗好的气缸筒内，在活塞环开口处的间隙。它可防止活塞环受热膨胀而卡死在气缸里，端隙的大小与气缸直径有关。

检查方法：将活塞环平正地放入气缸，用一个活塞顶部将环推至活塞环下行最低位置，因为这里的磨损是最小的。然后取出活塞，用塞尺测量端口间隙。如果间隙过大，则不能使用；如间隙过小，取出来可用细锉刀锉环口一端予以调整。如图 3-17 所示为活塞环端隙的检测方法。

五菱 B12 发动机活塞环端隙技术标准：气环、油环为 0.2～0.7mm。

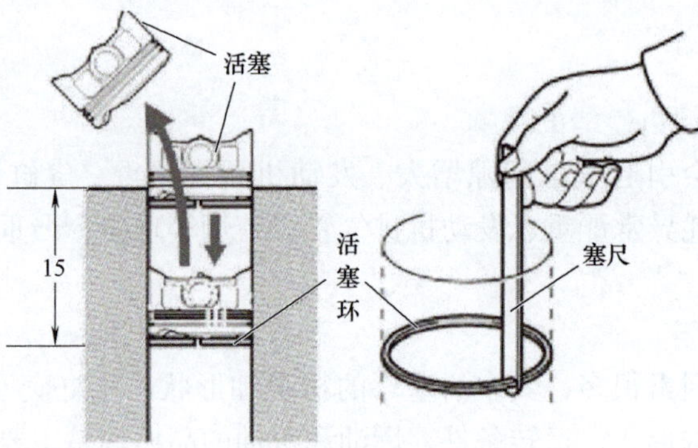

图 3-17　端隙的检测

2）侧隙的检测。侧隙是指活塞环与活塞环槽上、下平面间的间隙。侧隙过大，将影响活塞环的密封作用，过小则可能导致活塞环卡死在环槽内，造成拉缸事故。检查方法如图 3-18 所示。

五菱 B12 发动机活塞环侧隙技术标准：气环、油环为 0.04～0.12mm，超过极限间隙应更换活塞环。

3）背隙的检测。背隙是指活塞与活塞环装入气缸后，在活塞环背部与活塞环槽之间的间隙。常以槽深与环宽之差来表示，一般为 0.10～0.35mm。测量时，可将环落到环槽底，再用游标卡尺测量出环外圆柱面低于环岸的数值。如背隙过小，会使活塞环在气缸中卡死。

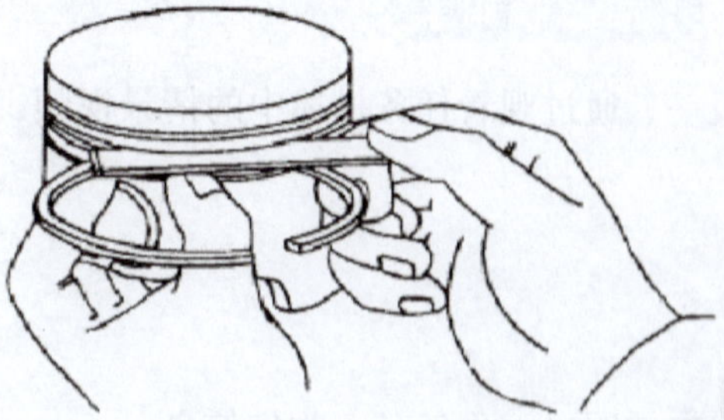

图 3-18　侧隙的检测

三、活塞销的检测

1. 活塞销的功用及工作条件

活塞销用来连接活塞和连杆，并将活塞承受的力传给连杆。活塞销在高温条件下承受很大的周期性冲击负荷，且由于活塞销在销孔内摆动角度不大，难以形成润滑油膜，因此润滑条件较差。为此活塞销必须有足够的刚度、强度和耐磨性，质量尽可能小，销与销孔应该有适当的配合间隙和良好的表面质量。

2. 活塞销异响的故障现象

1）发动机怠速或者中速运转时，在发动机的侧上部可听到“嗒嗒嗒”明显、清晰而尖锐的敲击声；

2）快速急踩加速踏板时，响声非常明显，且清脆而连贯；

3）发动机温度升高，响声不减弱；

4）断火试验时响声减弱或消失，而恢复工作时的瞬间，有明显的一两个响声。

3. 活塞销的检测

活塞销的检测内容主要是测量活塞销的直径、活塞销座孔的内径，检查活塞销与活塞销座孔配合磨损状况。

活塞销的直径用千分尺测量，如图 3-19 所示；活塞销座孔的内径用内径量表测量，如图 3-20 所示。

技术标准：五菱 B12 发动机活塞销与活塞的间隙为 0.006～0.019mm，活塞销直径为 16.995～17mm。

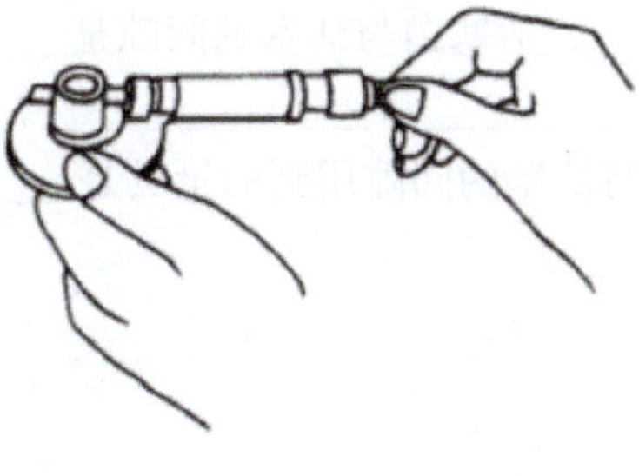

图 3-19　活塞销直径测量

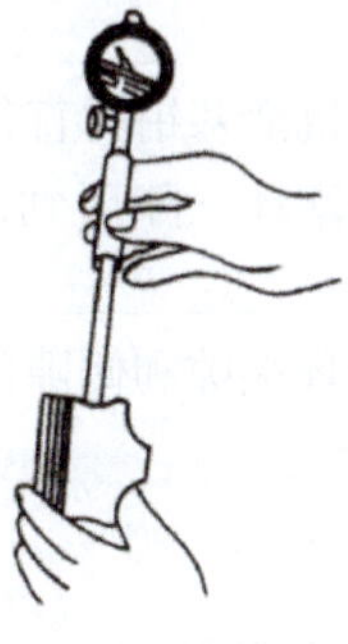

图 3-20　活塞销座孔测量

【信息收集】

一、通过观看任务描述中的情景视频，把观察到的现象用几个关键词写出来。

二、明确工作任务，收集信息。

1. 我们的学习任务是什么？活塞的常见损伤有哪些？活塞环磨损对发动机性能有什么影响？

（1）学习任务：

（2）活塞的常见损伤有哪些？

（3）活塞环磨损对发动机性能有什么影响？

2. 为顺利完成本学习任务，请按要求完成下列信息的收集。

（1）查阅维修手册，该发动机的型号是______________，排量是______________。

（2）该发动机活塞的直径是______________，与气缸孔的间隙是______________，测量活塞直径用到的量具是______________。

（3）该发动机活塞环气环的端隙值是____________，油环的端隙值是____________，气环的侧隙值是____________，油环的侧隙值是____________，背隙值是____________。

（4）该发动机活塞销的直径是____________，活塞销与活塞的间隙是____________。

（5）测量活塞环三隙用到的量具有______________和______________。测量活塞销直径用到的量具是______________，测量活塞销与活塞的间隙用到的量具是______________。

3. 写出活塞环端隙和侧隙的检测方法。

【制订计划】

一、制订活塞及活塞销的检测计划。

1. 列出检测所需要的工量具。

2. 写出检测流程。

3. 写出检测过程中的注意事项。

4. 查阅教材或维修手册，找到技术标准并记录。

二、制订活塞环的检测计划。

1. 列出检测所需要的工量具。

2. 写出检测流程。

3. 写出检测过程中的注意事项。

4. 查阅教材或维修手册，找到技术标准并记录。

三、请在下表中选择在检测中可能用到的工量具（在对应的选项中打√即可）。

工量具名称	选　择	
刀口尺	□可能	□不可能
塞尺	□可能	□不可能
外径千分尺	□可能	□不可能
游标卡尺	□可能	□不可能
内径量表	□可能	□不可能
钢直尺	□可能	□不可能
活塞环拆装钳	□可能	□不可能
其他（请填写具体名称）		

四、要完成本工作任务，你认为下表中哪些注意事项是必须要遵守的？请在相应的位置打√。

注意事项	选　择	
工量具整齐摆放不搁地	□是	□否
零件不落地，量具轻拿轻放	□是	□否
量具使用前要清洁，使用后要保养	□是	□否
千分尺、游标卡尺校零	□是	□否
及时记录测量数据	□是	□否
维修工作完成后需要进行工作现场“6S”管理	□是	□否
其他		

五、任务分工。

根据各成员所承担的角色，进行任务分工，填写表3-7。

表3-7　任务分工表

序　号	组　长	记录员	操作员	备　注

【实施计划】

一、请结合本小组制订的检修计划，完成活塞的检测、活塞销的检测、活塞环三隙的检测，并完成表3-8及表3-9的填写。

表 3-8 活塞及活塞销检测

检测位置	活塞顶部直径	活塞裙部直径	活塞与气缸间隙	活塞销直径
1 缸活塞及活塞销				
2 缸活塞及活塞销				
3 缸活塞及活塞销				
4 缸活塞及活塞销				

表 3-9 活塞环三隙的检测

活塞环端隙（mm）			活塞环侧隙（mm）			活塞环背隙（mm）		
气环 1	气环 2	油环	气环 1	气环 2	油环	气环 1	气环 2	油环

二、查阅维修手册，根据上述的所有检测结果，判断所检测的活塞、活塞环及活塞销是否符合技术要求，如果不符合，请给出维修意见。

【检查与考评】

记录员根据操作员的工作过程评分，具体评分细则见表 3-10。

表 3-10 活塞环三隙检测评分标准

序号	考核项目	配分	评分标准	扣分	得分
1	工量具准备	10	（1）工量具每少准备 1 件扣 1 分 （2）工量具选择不当，每次扣 2 分 （3）未校验量具每次扣 2 分		
2	活塞环的拆卸	10	（1）未使用活塞环拆装钳进行拆卸每次扣 2 分 （2）拆卸顺序错误每次扣 2 分 （3）活塞环拆装钳使用不正确扣 2 分		
3	活塞环端隙测量	20	（1）未清洁气缸和量具扣 2 分 （2）活塞环放入气缸中的位置错误扣 3 分 （3）量具使用不正确扣 2 分 （4）测量数据不正确每个扣 2 分 （5）结果判断不正确扣 1 分		

（续）

序号	考核项目	配分	评分标准	扣分	得分
4	活塞环侧隙测量	20	（1）未清洁被测零件每个扣2分 （2）量具未清洁扣2分，量具使用不正确扣2分 （3）测量数据不正确每个扣2分		
5	活塞环背隙测量	20	（1）未清洁被测零件每个扣2分 （2）量具未清洁扣2分，量具使用不正确扣2分 （3）测量数据不正确每个扣2分		
6	安全文明生产	10	（1）工装不整洁扣2分，不穿工作服扣5分 （2）竣工后未清理工具、量具，每件扣2分 （3）竣工后未清理场地，扣2分		
7	维修手册使用	10	每查错一个数据或漏查1个数据扣1分，根据工单填写情况对照维修手册标准值评分		
8	合计	100			

操作时间：30min　　　　日期：　　年　　月　　日

【评价反馈】

学习内容		学习时间	
任课教师		学生姓名	

自我评价		
1. 会正确使用千分尺吗？	会□	不会□
2. 会正确使用游标卡尺吗？	会□	不会□
3. 会正确测量活塞直径吗？	会□	不会□
4. 会正确检查活塞与气缸壁的间隙吗？	会□	不会□
5. 会正确检测活塞环三隙吗？	会□	不会□
6. 会正确检测活塞销吗？	会□	不会□
7. 会对测量结果进行判断分析吗？	会□	不会□

8. 你认为自己还有哪些知识没有掌握？

9. 通过该项目的学习你认为还有哪些需要改进的地方？

（续）

小组评价			
1. 工作页完成情况。（　　）			
A. 填写完整	B. 缺失0~20%	C. 缺失20%~40%	D. 缺失40%以上
2. 能否主动与组内成员积极沟通并协助其他成员共同完成学习任务？（　　）			
A. 积极主动	B. 不够主动	C. 不愿协助	
3. 能否主动参与工作现场的清洁和整理工作？（　　）			
A. 积极主动参与6S工作		B. 在组长的要求下参与6S工作	
C. 在组长的要求下参与6S工作，但效果差		D. 不愿参与6S工作	
4. 总体印象评价。（　　）			
A. 非常优秀	B. 比较优秀	C. 有待改进	D. 急需改进
5. 其他建议： 小组长签名：　　年　月　日			
教师评价			
  教师签名：　　年　月　日			

【知识巩固】

一、选择题：

1. 活塞的最大磨损部位是（　　）。

A. 活塞环槽　　B. 活塞销座孔　　C. 活塞裙部　　D. 顶部

2. 发动机大修时，活塞销应选用（　　）。

A. 加大一级活塞销　　B. 与活塞同级别的活塞销

C. 标准活塞销　　D. 以上都不对

3. 活塞销与座孔试配合格的要求是（　　）。

A. 以手掌之力能把活塞销推入销座孔的1/4，接触面积达75%以上

B. 以手掌之力能把活塞销推入销座孔1/2~2/3，接触面积达75%以上

C. 以手掌之力能把活塞销全部推入销座孔，接触面积达75%以上

4. 活塞环漏光度检验时，同一活塞环上漏光弧长所对应的圆心角总和不得超过（　　）。

A. 25°　　B. 45°　　C. 90°

5. 同一台发动机必须选用同一厂牌活塞的原因是要保证（　　）。

A. 相同修理尺寸

B. 相同组别
C. 相同的尺寸和形位误差
D. 相同的膨胀系数
6. 活塞环背隙过小，将会造成（　　）。
A. 气缸和活塞磨损加剧　　B. 背压增大
C. 气缸密封性降低　　D. 卡滞活塞
7. 为了减轻磨损，通常对活塞环中的（　　）进行镀铬。
A. 第一道环　　B. 所有气环　　C. 油环　　D. 气环和油环
8. 活塞气环主要作用是（　　）；油环主要作用是（　　）。
A. 密封　　B. 布油　　C. 导热　　D. 刮油
9. 活塞在制造中，其头部有一定锥度，主要是由于（　　）。
A. 材料　　B. 可减少往复运动惯性力
C. 活塞在工作中受热不均匀　　D. 润滑可靠
10. 一般柴油机活塞顶部多采用（　　）。
A. 平顶　　B. 凹顶　　C. 凸顶　　D. A. B. C 均可

二、按图填写活塞连杆组的主要零部件名称：

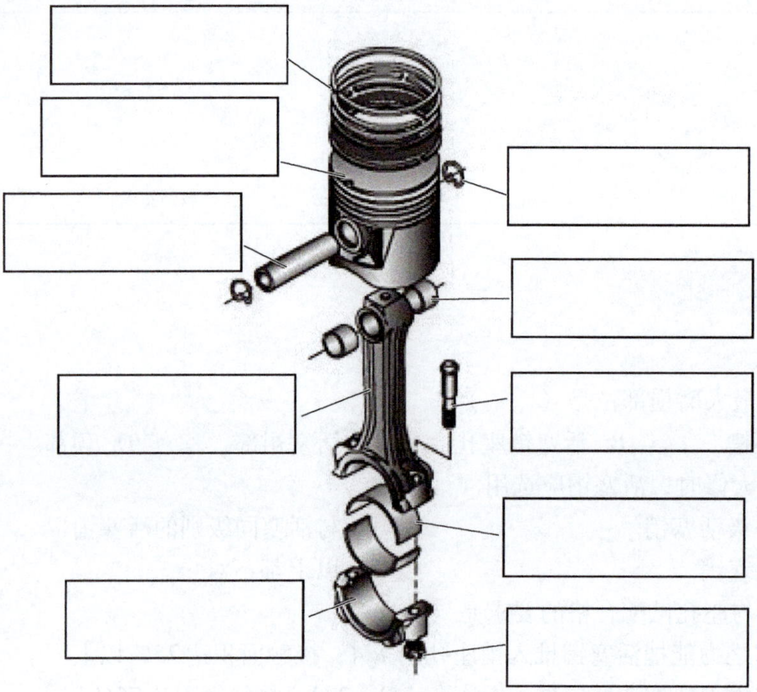

任务三
飞轮、曲轴及轴承检测

【任务描述】

一辆五菱宏光汽车，装备五菱 B12 发动机，驾驶人反映急加速时发动机底部有异响，有时会出现机油压力指示灯瞬间点亮的故障现象。维修人员检查后初步判断为曲轴和连杆的轴瓦间隙过大造成的，需要解体发动机对曲轴飞轮组进行检修。现在，我们的工作任务是对解体后发动机的曲轴飞轮组进行检测，找到故障部位，并排除故障。

【学习目标】

1. 了解曲轴飞轮组各构件的结构及功用；
2. 了解飞轮、曲轴及轴承磨损的原因及对发动机性能的影响；
3. 掌握飞轮、曲轴及轴承的检测方法；
4. 能熟练使用磁性表座、百分表、外径千分尺等基本测量工具；
5. 能按照步骤正确完成测量过程；
6. 会填写工作页，记录检测结果。

【学习重点】

1. 飞轮常见损伤及检测方法；
2. 曲轴常见损伤及检测方法。

【学习难点】

曲轴轴颈磨损的检测及圆度、圆柱度的计算。

【相关知识】

一、飞轮的检测

1. 飞轮的结构特点

飞轮的主要功用是通过储存和释放能量来提高发动机运转的均匀性以及增强发动机克服短暂的超负荷能力，同时，又将发动机的动力传递给离合器。

飞轮是一个转动惯量很大的圆盘，为了保证在有足够转动惯量的前提下，尽可能减小飞轮的质量，通常将轮缘做得宽而厚，飞轮多采用灰铸铁制造。飞轮外缘上压有一个齿环，当发动机起动时，起动机齿轮与之啮合，带动曲轴旋转。飞轮上通常刻有点火正时或供油正时记号，以便校准点火时间。

飞轮与曲轴装配后应进行动平衡，否则将引起发动机的振动并加速主轴承的磨损。进行动平衡后的曲轴与飞轮的位置是固定而不能再变的，因此飞轮与曲轴之间有严格的相对位置要求，用定位销或不对称布置的螺栓予以保证。

2. 飞轮的常见损伤

飞轮的常见损伤有飞轮齿圈磨损、飞轮工作面磨损、飞轮表面凹槽、烧灼疤痕与裂纹、飞轮螺栓孔损伤等。

3. 飞轮的检修

1）首先进行目视检查，检查齿圈轮齿是否磨损或打齿，检查飞轮端面是否有烧蚀、沟槽、翘曲和裂纹等，如果有则应修理或更换飞轮。

2）再检查飞轮上轴承。用手转动轴承，在轴向加力，如果有阻滞或有明显间隙感，则应更换轴承，如图 3-21 所示。

3）飞轮端面圆跳动的检查。将百分表安装在发动机机体上，百分表表针抵在飞轮的最外圈，转动飞轮一圈，测量飞轮的端面圆跳动，应小于0. 10mm，如图 3-22 所示。如果端面圆跳动超过标准，应修磨或更换飞轮。

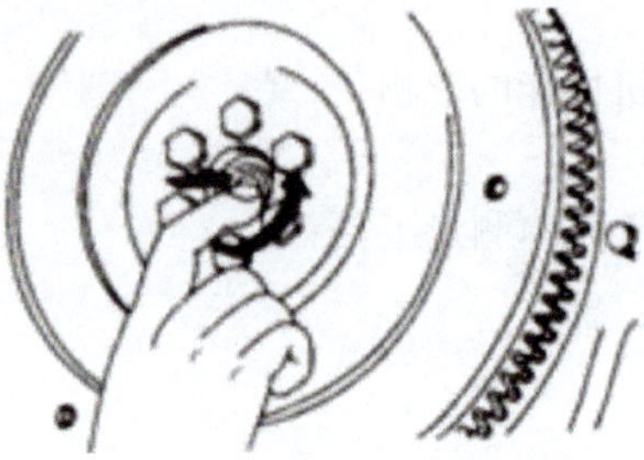

图 3-21　飞轮轴承检查

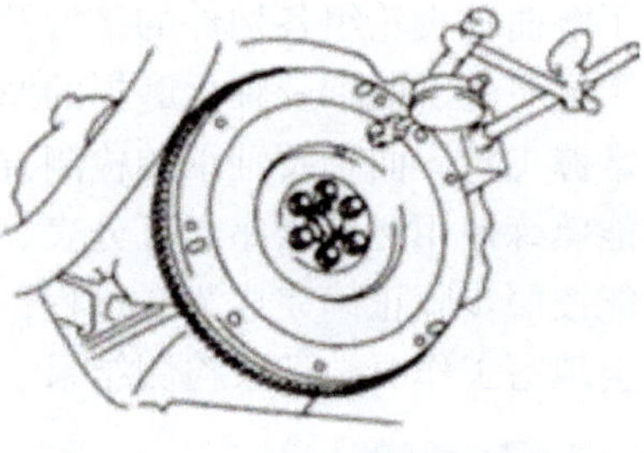

图 3-22　飞轮端面圆跳动检查

二、曲轴的检测

1. 曲轴的结构特点

曲轴的作用是把活塞连杆组传来的气体压力转变为转矩对外输出，并驱动配气机构及其他附属装置。曲轴大多采用优质中碳钢、中合金碳钢或球墨铸铁铸造而成。曲轴的结构包括前端轴、主轴颈、连杆轴颈、曲柄、平衡重、后端轴等，并且在其中有贯穿主轴颈、曲柄和连杆轴颈的油道，以便润滑主轴颈和连杆轴颈。

2. 曲轴的常见损伤

曲轴的常见损伤主要有曲轴轴颈磨损、曲轴轴颈表面划痕或拉伤、曲轴轴颈烧伤、曲轴轴颈表面产生裂纹、曲轴的弯曲变形和扭转变形及曲轴断裂等。

3. 曲轴的检测

（1）曲轴弯曲变形的检测　将曲轴的两端用 V 形块支承在检测平板上，用百分表的触头抵在中间主轴颈表面，如图 3-23 所示，转动曲轴一周，百分表上指针的最大与最小读数之差，即为中间主轴颈对两端主轴颈的径向圆跳动误差（通常也用指针的最大与最小读数差值之半作为直线度误差或弯曲度值）。圆跳动量大于 0. 15mm 时应进行校正。

五菱 B12 发动机曲轴中间轴颈允许圆跳动量为 0.03 ~ 0.05mm，若超过极限，更换曲轴。

（2）曲轴轴向间隙的检测　为了适应发动机机件正常工作的需要，曲轴必须留有合适的轴向间隙。间隙过小，会使机件因受热膨胀而卡死；轴向间隙过大，曲轴工作时将产生轴向窜动加速气缸的磨损，活塞连杆组也会不正常磨损，还会影响配气相位和离合器的正常工作。

曲轴轴向间隙的检查方法可用百分表触杆作用在曲轴的一端，并有 1.00 ~ 2.00mm 的压缩量，前后撬动曲轴，观察表针摆动数值，如图 3-24 所示。轴向正常间隙为 0.07 ~ 0.17mm，磨损极限为 0.25mm。轴向间隙过小或过大时，应更换或修刮止推垫片进行调整。

图 3-23　曲轴弯曲变形的检测

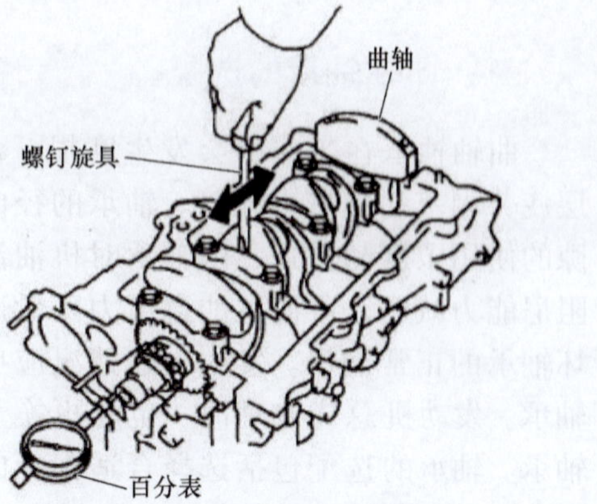

图 3-24　曲轴轴向间隙的检查

五菱 B12 发动机曲轴轴向间隙为 0.08 ~ 0.29mm，极限值为 0.34mm，若超过极限值，更换止推片后再检查，若还超过极限值，更换曲轴。

（3）曲轴轴颈磨损的检测　轴颈磨损是不均匀的，沿着径向磨成椭圆，沿着轴向磨成锥形。连杆轴颈的最大磨损靠近主轴颈一侧，主轴颈的磨损椭圆与结构有关，连杆轴颈的磨损速度比主轴颈的大。曲轴各轴颈的磨损程度用外径千分尺测量，主要测量轴颈的圆度和圆柱度以及最小尺寸。

测量时，在每一道轴颈上选取两个截面 *Ⅰ-Ⅰ* 和 *Ⅱ-Ⅱ*，在每一道截面上取与曲柄平行及垂直的两个方向 *A-A* 和 *B-B*，用外径千分尺进行测量，计算圆度误差和圆柱度误差，如图 3-25 所示。

圆度误差：同一轴颈同一横截面上所测得的最大直径与最小直径差值的一半。

圆柱度误差：同一轴颈上任意截面所测得的最大直径与最小直径差值的一半。

发动机曲轴主轴颈和连杆轴颈的圆度、圆柱度误差不得大于 0.025mm，大于标准值时，应按修理尺寸法进行磨削修整或进行振动堆焊、镀铬，然后再磨削至规定尺寸。五菱 B12 发动机曲轴轴颈磨损的检测，主要是测量曲轴主轴颈和连杆轴颈的失圆度，如图 3-26 所示。选择主轴颈或连杆轴颈 A 圆周与 B 圆周处，其 X 与 Y 方向（或选取更多的位置）的直径的差值表示失圆度，主轴颈与连杆轴颈的失圆度标准为 0.005mm，极限为 0.01mm，超过极限值更换曲轴。

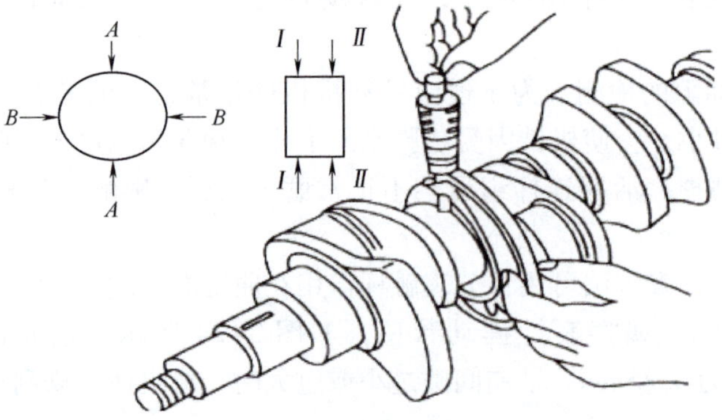

图 3-25　曲轴轴颈磨损的检测

三、曲轴轴承的选配

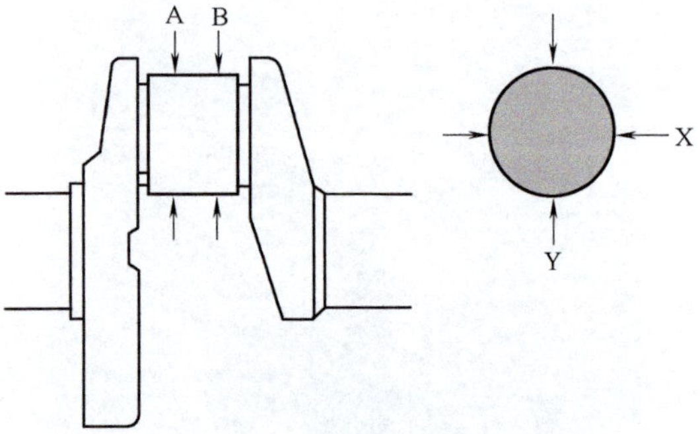

图 3-26　失圆度的检测

曲轴轴承在工作中会发生磨损、合金层疲劳剥落和粘着咬死等。轴承的径向间隙的使用限度超限后，因轴承对机油流动阻尼能力减弱，可使主油道压力降低而破坏轴承的正常润滑。发生上述情况应更换轴承。发动机总成修理时，也应更换全部轴承。轴承的选配包括选择合适内径的轴承，以及检验轴承的高出量、自由弹开量、定位凸点和轴承钢背表面质量等内容。

1. 选择轴承内径

根据曲轴轴承的直径和规定的径向间隙选择合适内径的轴承。现代发动机曲轴轴承在制造时，根据选配的需要，其内径直径已制成一个尺寸系列。

2. 检验轴承钢背质量

要求定位凸点完整，轴承钢背完整无损。

3. 检验轴承自由弹开量

要求轴承在自由状态下的曲率半径大于座孔的曲率半径，保证轴承压入座孔后，轴承在自身的弹力作用下与轴承座紧密贴合。

4. 检验轴承的高出量

轴承装入座孔内，上、下两片的每端均应高出轴承座平面 0.03 ~ 0.05mm，称为高出量。轴承高出座孔，以保证轴承与座孔紧密贴合，提高散热效果。

【信息收集】

一、通过观看任务描述中的情景视频，把观察到的现象用几个关键词写出来。

二、明确工作任务，收集信息。

1. 我们的学习任务是什么？飞轮的功用是什么？曲轴的检测内容有哪些？

（1）学习任务：

（2）飞轮的功用是什么？

（3）曲轴的检测内容有哪些？

2. 为顺利完成本学习任务，请按要求完成下列信息的收集。

（1）查阅维修手册，该发动机的型号是______________，排量是______________。

（2）该发动机飞轮的端面圆跳动误差是______________。

（3）该发动机曲轴的径向圆跳动误差是______________，轴向间隙是______________。

（4）该发动机曲轴主轴颈和连杆轴颈的圆度误差是______________，圆柱度误差是______________。

3. 写出曲轴弯曲变形的检测方法。

【制订计划】

一、制订飞轮的检测计划

1. 列出检测所需要的工量具。

2. 写出检测流程。

3. 写出检测过程中的注意事项。

4. 查阅教材或维修手册，找到技术标准并记录。

二、制订曲轴弯曲变形的检测计划

1. 列出检测所需要的工量具。

2. 写出检测流程。

3. 写出检测过程中的注意事项。

4. 查阅教材或维修手册，找到技术标准并记录。

三、制订曲轴轴颈磨损的检测计划。

1. 列出检测所需要的工量具。

2. 写出检测流程。

3. 写出检测过程中的注意事项。

4. 查阅教材或维修手册，找到技术标准并记录。

四、请在下表中选择在检测中可能用到的工量具（在对应的选项中打√即可）。

工量具名称	选　择	
百分表	□可能	□不可能
磁性表座	□可能	□不可能
外径千分尺	□可能	□不可能
游标卡尺	□可能	□不可能
V 形块	□可能	□不可能
扭力扳手	□可能	□不可能
套筒扳手	□可能	□不可能
其他（请填写具体名称）		

五、要完成本工作任务，你认为下表中哪些注意事项是必须要遵守的？请在相应的位置打√。

注 意 事 项	选　择	
工量具整齐摆放不搁地	□是	□否
零件不落地，量具轻拿轻放	□是	□否
量具使用前要清洁，使用后要保养	□是	□否
千分尺、游标卡尺校零	□是	□否
及时记录测量数据	□是	□否
螺栓要按规定力矩坚固	□是	□否
维修工作完成后需要进行工作现场“6S”管理	□是	□否
其他		

六、任务分工。

根据各成员所承担的角色，进行任务分工，填写表 3-11。

表 3-11　任务分工表

序　号	组　长	记 录 员	操 作 员	备　注

【实施计划】

一、请结合本小组制订的检修计划，完成飞轮的检测、曲轴的检测并完成表 3-12、表 3-13 的填写。

表 3-12　飞轮的检测

序　号	检测项目	检测结果
1	飞轮齿圈	
2	飞轮工作面及端面圆跳动量	
3	飞轮螺栓孔	
4	飞轮上轴承	

表 3-13　曲轴的检测

项　目 \ 缸　数			1	2	3	4
连杆轴颈	Ⅰ-Ⅰ截面	横向				
		纵向				
	Ⅱ-Ⅱ截面	横向				
		纵向				
圆度误差						
圆柱度误差						
主轴颈	Ⅰ-Ⅰ截面	横向				
		纵向				
	Ⅱ-Ⅱ截面	横向				
		纵向				
圆度误差						
圆柱度误差						
弯曲度						

二、查阅维修手册，根据上述的所有检测结果，判断所检测的飞轮、曲轴是否符合技术要求，如果不符合，请给出维修意见。

【检查与考评】

记录员根据操作员的工作过程评分，具体评分细则见表 3-14。

表 3-14　曲轴检测评分标准

序号	作业项目	考核内容	配分	评分标准	扣分	得分
1	量具使用	清洁量具 校验量具	10	不清洁量具扣 1 分		
				不进行校验扣 1 分		

（续）

序号	作业项目	考核内容	配分	评分标准	扣分	得分
2	曲轴磨损的检验	正确使用量具、测量方法、测量部位、测量结果、正确计算圆度误差和圆柱度误差	50	不会使用量具扣10分		
				测量方法不正确扣5分		
				测量部位不正确扣5分/次		
				测量结果不正确扣5分		
				计算不正确扣5分		
3	曲轴变形的检验	正确使用量具、测量方法、测量部位、测量结果、正确计算弯曲度	30	不会使用量具扣10分		
				测量方法不正确扣5分		
				测量部位不正确扣5分/次		
				测量结果不正确扣5分		
				计算不正确扣5分		
4	安全文明生产	遵守安全操作规程，正确使用量具，操作现场整洁	10	1. 工装不整洁扣2分，不穿工作服扣5分 2. 竣工后未清理量具，每件扣2分 3. 竣工后未清理场地，扣2分		
5	分数总计		100			

操作时间：30min　　　　日期：　　年　　月　　日

【评价反馈】

学习内容		学习时间	
任课教师		学生姓名	

自我评价		
1. 会正确使用千分尺吗？	会□	不会□
2. 会正确使用百分表吗？	会□	不会□
3. 会正确测量飞轮端面圆跳动量吗？	会□	不会□
4. 会正确检测曲轴弯曲度吗？	会□	不会□
5. 会正确检测曲轴轴向间隙吗？	会□	不会□
6. 会正确检测曲轴轴颈磨损吗？	会□	不会□
7. 会对测量结果进行判断分析吗？	会□	不会□

8. 你认为自己还有哪些知识没有掌握？

9. 通过该项目的学习你认为还有哪些需要改进的地方？

（续）

小组评价
1. 工作页完成情况。（　　） A. 填写完整　B. 缺失 0~20%　C. 缺失 20%~40%　D. 缺失 40%以上
2. 能否主动与组内成员积极沟通并协助其他成员共同完成学习任务？（　　） A. 积极主动　B. 不够主动　C. 不愿协助
3. 能否主动参与工作现场的清洁和整理工作？（　　） A. 积极主动参与 6S 工作　B. 在组长的要求下参与 6S 工作 C. 在组长的要求下参与 6S 工作，但效果差　D. 不愿参与 6S 工作
4. 总体印象评价。（　　） A. 非常优秀　B. 比较优秀　C. 有待改进　D. 急需改进
5. 其他建议： 小组长签名：　　年　月　日
教师评价
  教师签名：　　年　月　日

【知识巩固】

一、选择题：

1. 直列式发动机的全支承曲轴的主轴颈数等于（　　）。

A. 气缸数　B. 气缸数的一半

C. 气缸数的一半加 1　D. 气缸数加 1

2. 四行程六缸发动机曲轴各曲拐之间的夹角是（　　）。

A. 60°　B. 90°　C. 120°　D. 180°

3. 下列说法正确的是（　　）。

A. 飞轮的主要功用是用来储存做功行程的能量，增加发动机功率

B. 飞轮的主要功用是用来储存做功行程的能量，用于克服进气、压缩和排气行程的阻力和其他阻力，使曲轴均匀地旋转

C. 飞轮轮缘上的记号是供发动机安装和维修用

D. 飞轮紧固螺钉承受作用力大，应以最大力矩拧紧

4. 曲轴上的平衡重一般设在（　　）。

A. 曲轴前端　B. 曲轴后端　C. 曲柄上　D. 飞轮上

5. 连杆轴颈的最大磨损通常发生在（　　）。

A. 靠近主轴颈一侧　　B. 远离主轴颈一侧

C. 与油道孔相垂直的方向　　D. 与油道孔相背的一面

6. 汽车维修中的圆度是同一截面上（　　）。

A. 最大尺寸与该尺寸垂直方向上的直径差

B. 最大尺寸与该尺寸垂直方向上的半径差

C. 最大与最小尺寸的直径差

D. 最大与最小尺寸的半径差

7. 发动机曲轴轴颈磨损测量检查可用（　　）进行。

A. 千分尺　　B. 游标卡尺　　C. 百分表　　D. 塞尺

8. 下列选项中与发动机点火次序有关的是（　　）。

A. 曲轴旋向　　B. 曲拐的布置

C. 曲轴的支承形式　　D. 都无关

9. 曲轴一般由（　　）组成。

A. 主轴颈　　B. 连杆轴颈　　C. 曲柄　　D. 前、后端轴

10. 曲轴的检验项目有（　　）

A. 裂纹检验　　B. 弯曲检验　　C. 扭曲检验　　D. 轴颈磨损检验

二、按图填写曲轴的主要部件名称：

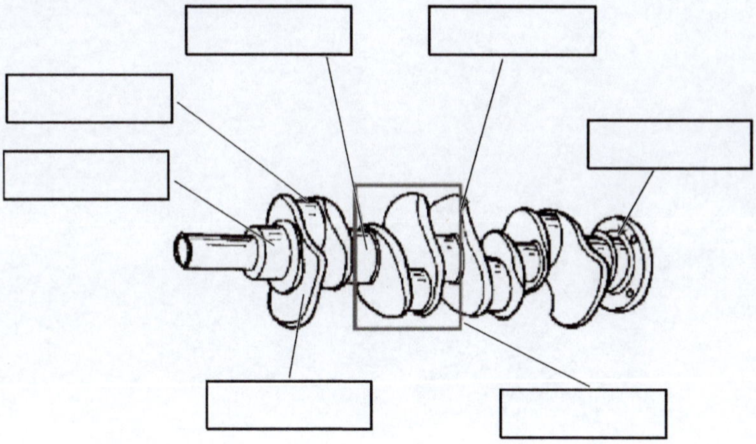

项目四

润滑系统检修

发动机的润滑是由润滑系统来实现的，润滑系统是发动机重要系统之一，具有润滑、清洁、冷却、密封、防腐蚀等作用，其工作性能的可靠与否直接影响发动机的性能和使用寿命。汽车在使用过程中，润滑系统的技术状况会慢慢变坏，主要表现在机油品质变差、机油压力过高或过低、零部件磨损等，严重的润滑系统故障还会导致烧坏轴瓦等，使发动机失去工作能力。

本项目主要学习润滑系统的组成及工作原理、润滑系统部件的检测及更换等内容，使学生掌握发动机润滑系统检修的基本方法。

本项目包括以下学习任务：

任务一　油底壳和集滤器更换

任务二　机油泵检测与更换

任务一 油底壳和集滤器更换

【任务描述】

一辆五菱宏光汽车，累计行驶12000km，出现机油灯常亮、发动机动力不足的状况，需要对发动机润滑系统进行检修。经维修技师检查发现机油压力过低、气门室内油泥过多，现要对油底壳及集滤器进行检查和更换。

【学习目标】

1. 能根据维修工单，明确任务内容与要求，并能与组员沟通，合理分配任务；
2. 能叙述油底壳和集滤器的作用与结构；
3. 能正确拆卸和更换油底壳及集滤器垫圈；
4. 能正确查阅维修手册，确定油底壳和集滤器相关检测内容、流程与规范，记录相关信息；
5. 能正确选择和使用工量具；
6. 能规范地进行相应作业项目的自检，并填写作业表；
7. 能严格认真执行“6S”管理规定。

【学习重点】

1. 汽车润滑系统的结构，油底壳及集滤器的作用、结构和工作原理；
2. 油底壳和集滤器的更换。

【学习难点】

安全规范地更换油底壳及集滤器。

【相关知识】

一、油底壳和集滤器的结构与原理

1. 发动机油底壳的作用

油底壳是以封闭的曲轴箱作为储油槽的外壳，防止杂质进入，并收集和储存发动机各摩擦表面流回的润滑油，散去部分热量，防止润滑油氧化。

2. 发动机油底壳的结构特点

油底壳（图4-1）多由薄钢板冲压而成，内部装有稳油挡板，以避免发动机颠簸时造成的液面震荡激溅，有利于润滑油杂质的沉淀，侧面装有油尺，用来检查油量。此外，油底壳底部最低处还装有放油螺塞。

3. 集滤器的作用

发动机工作过程中，金属磨屑、尘土、高温下被氧化的积炭和胶状沉淀物、水等不断混入润滑油。集滤器（图 4-2）的作用是对来自油底壳的机油中的有害杂质进行滤除，以洁净的机油通过机油泵和机油滤清器后供给曲轴、连杆、凸轮轴、增压器、活塞环等运动副，起到润滑、冷却、清洗的作用，从而延长这些零部件的寿命。

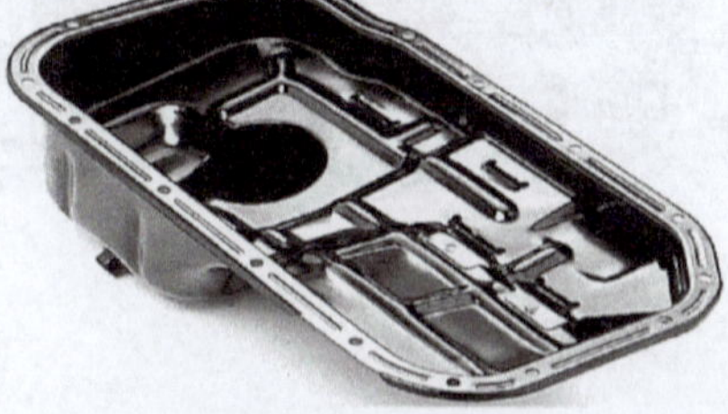

图 4-1　油底壳

图 4-2　集滤器

4. 集滤器的构造与工作过程

集滤器大多数采用的是浮式滤油器，如图 4-3 所示。

（1）构造　油管空套在固定管内，滤网中央有环口，平时靠滤网的弹性使其紧压在罩上，如图 4-3 所示。

（2）工作过程　机油通过罩与浮子之间的狭缝吸入，经滤网滤去粗大杂质，进入油管到机油泵，当滤网被堵塞时，滤网上方真空度会增大以克服滤网的弹性，使滤网上升到环口而离开罩，机油不经滤网从环口进入。

二、油底壳和集滤器损坏对发动机的影响

1）油底壳变形或者损坏影响机油的储存，甚至导致机油泄漏；

2）集滤器因损坏而没有起到初步过滤作用，容易发生堵塞或者把大颗粒铁屑带到发动机里面，影响发动机的正常运行。

三、油底壳和集滤器的拆卸步骤

1）使用举升机把汽车升起，拆下发动机屏蔽组件，找到油底壳安装位置，如图 4-4 所示；

2）松开并取下机油盘放油螺塞，放出机油；

3）拆卸油位计总成；

4）依次松开并拆下机油盘紧固螺栓，拆下机油盘总成，如图 4-5 所示；

5）松开并拆下机油集滤器总成紧固螺栓，拆下机油集滤器总成和 O 形密封圈，如图 4-6 所示。

四、油底壳检查

1）用小刀清除机油泵和曲轴后端盖与曲轴箱及机油盘总成结合处残留的密封胶，用汽油清洗油底壳油渍，如图 4-7 所示。

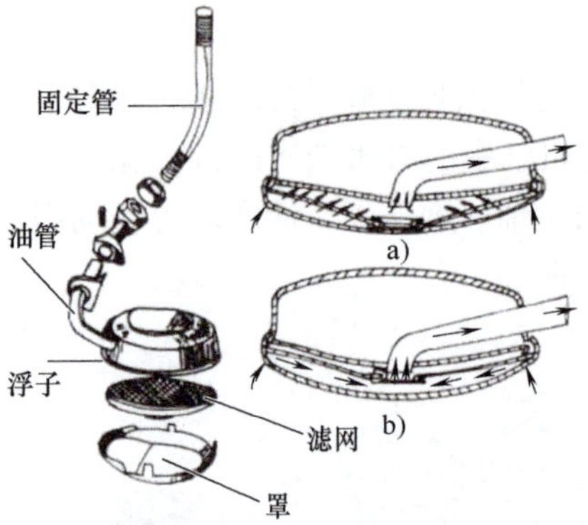

图 4-3　浮式滤油器结构

图 4-4　油底壳安装位置

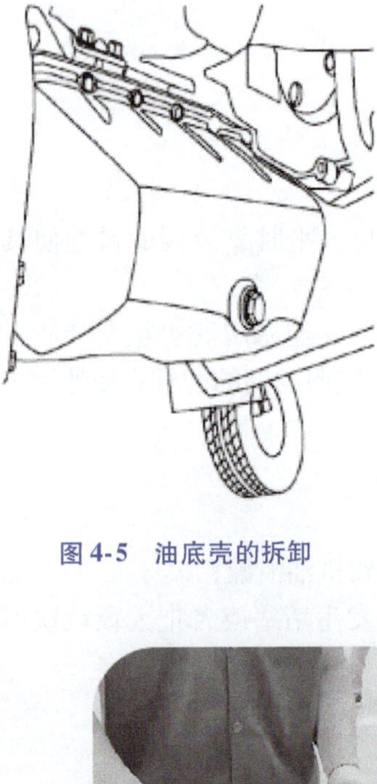

图 4-5　油底壳的拆卸

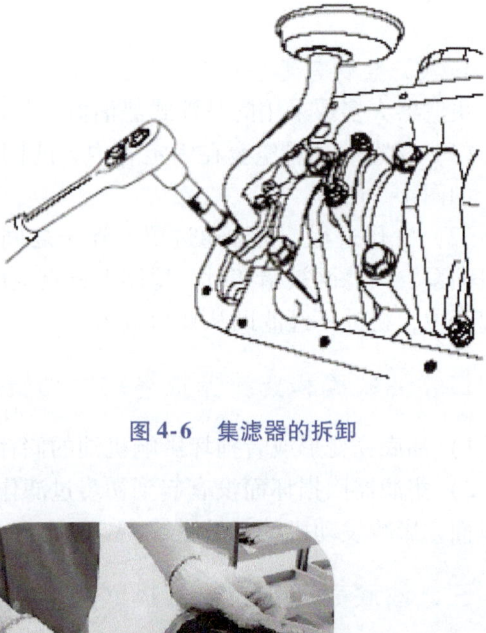

图 4-6　集滤器的拆卸

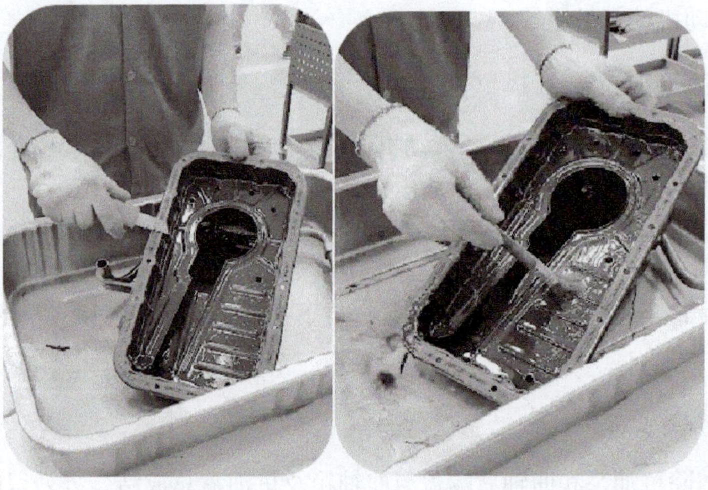

图 4-7　油底壳的清洁

2）检查油底壳表面有无裂纹、腐蚀、变形，如图 4-8 所示。

3）油底壳平面度检测，不大于 0.5mm，如图 4-9 所示。

图 4-8 油底壳外观的检查

图 4-9 油底壳平面度的检测

五、机油集滤器检查

1）拆下集滤器盖，取出滤网，清洗后用压缩空气吹干净，如图 4-10 所示；

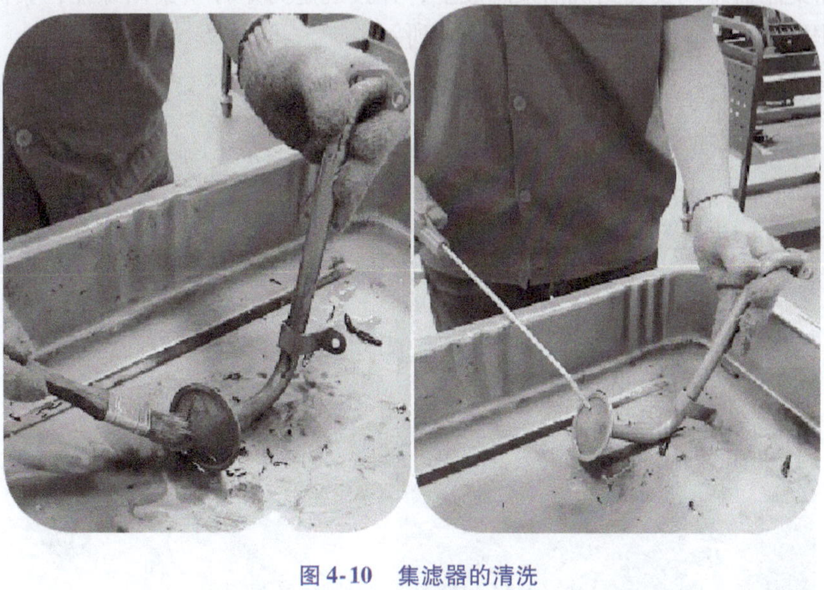
图 4-10 集滤器的清洗

2）检查集滤器滤网有无堵塞，集滤器滤网有无损坏、集滤器表面有无腐蚀穿孔现象，如图 4-11 所示。

六、油底壳和集滤器总成的装配

1. 集滤器的安装

1）安装集滤器前，先清洁安装位表面，如图4-12所示；

图4-11　滤网的检查

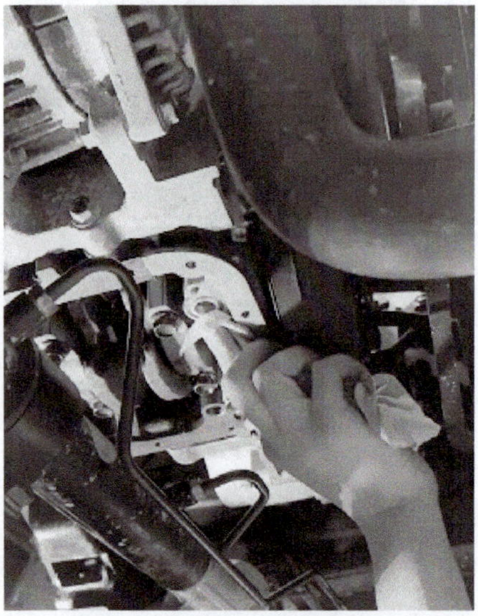

图4-12　集滤器机油口的清洁

2）安装密封圈，如图4-13所示；

3）机油集滤器总成安装到机油泵总成上，并按规定力矩拧紧紧固螺栓，紧固机油集滤器总成的紧固螺栓至8～12N·m，如图4-14所示。

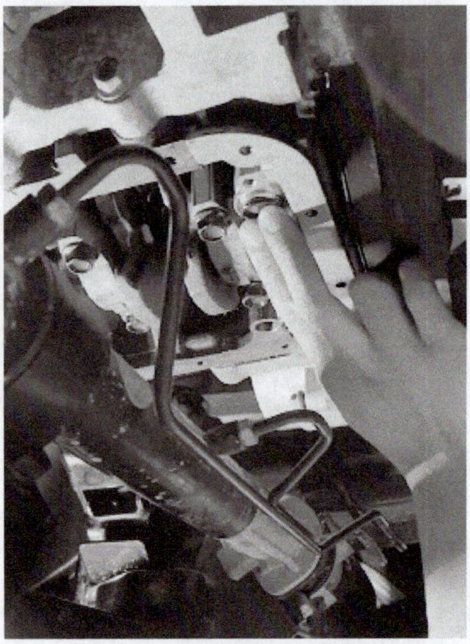

图4-13　密封圈的安装

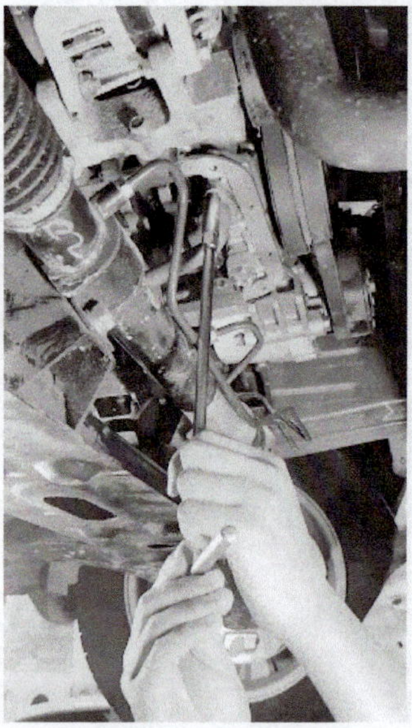

图4-14　集滤器的安装

2. 油底壳的安装

1）在油底壳与缸体安装面上涂密封胶，要求胶料避开螺孔，直径为3.0～3.5mm，胶线应连续，位置、形状正确，如图4-15所示；

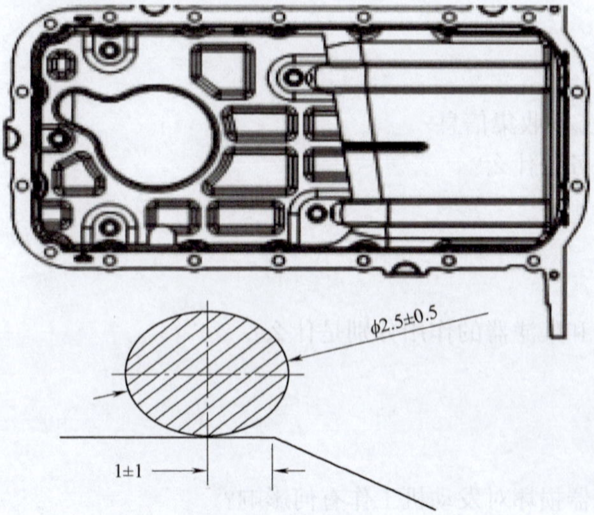

图4-15 涂密封胶

2）将油底壳总成装到曲轴箱上，并按规定的顺序和力矩拧紧紧固螺栓，紧固油底壳总成的紧固螺栓至8～12N·m，如图4-16所示；

3）将油底壳放油螺塞安装到机油盘上，并按规定力矩拧紧紧固放油螺塞至35～45N·m；

4）重新加注机油（约2.5L，大修后为3L左右），直到机油的油位保持在油位计“低”和“高”线之间，如图4-17所示；

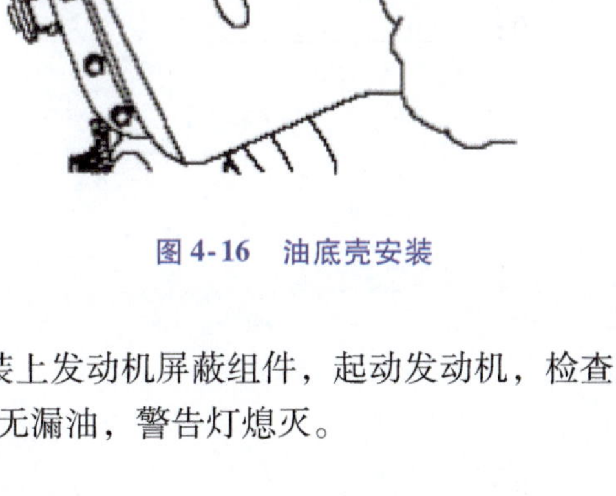

图4-16 油底壳安装

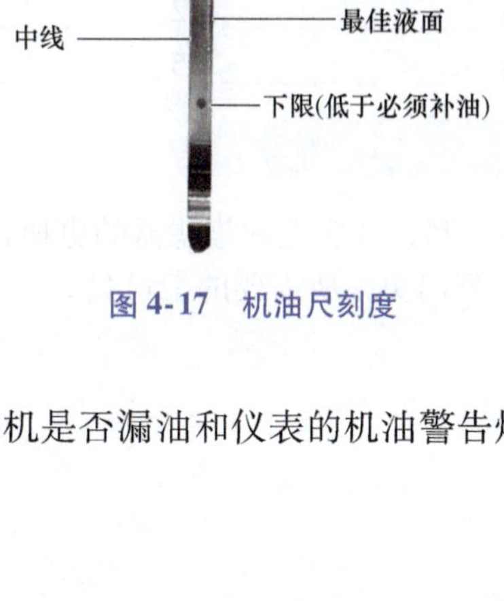

图4-17 机油尺刻度

5）装上发动机屏蔽组件，起动发动机，检查发动机是否漏油和仪表的机油警告灯是否熄灭；应无漏油，警告灯熄灭。

【信息收集】

一、通过感受任务描述中的情景，把观察到的现象用几个关键词写出来。

二、明确工作任务，收集信息。

1. 我们的学习任务是什么？

2. 发动机油底壳和集滤器的作用分别是什么？

3. 油底壳及集滤器损坏对发动机工作有何影响？

4. 发动机集滤器的结构组成是什么？请依据图 4-18 的编号或实物，写出集滤器部件的名称。

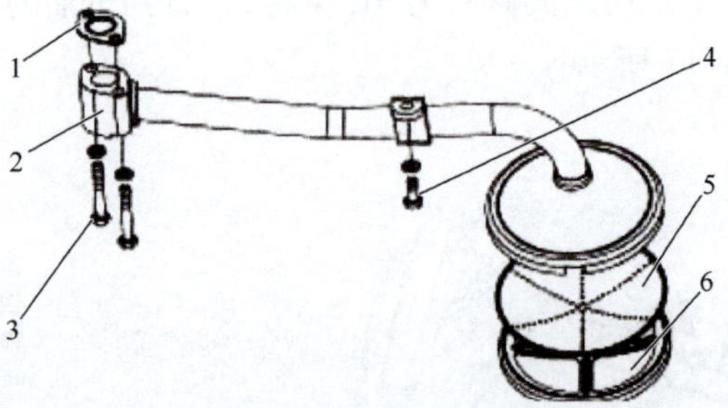

图 4-18　发动机集滤器的总成

1：________ 2：________ 3：________
4：________ 5：________ 6：________

【制订计划】

一、制订油底壳和集滤器的更换计划。

1. 列出更换所需要的工量具。

2. 写出更换流程。

3. 写出更换过程中的注意事项。

4. 查阅教材或维修手册，找到技术标准并记录。

二、请在下表中选择在更换中可能用到的工量具（在对应的选项中打√即可）。

序　号	工量具名称	型　号	选　择	
1	梅花扳手	12 ~ 14	□可能	□不可能
2	呆扳手	12 ~ 14	□可能	□不可能
3	扭力扳手	0 ~ 300	□可能	□不可能
4	棘轮扳手	中号	□可能	□不可能
5	套筒	12	□可能	□不可能
6	套筒	14	□可能	□不可能
7	套筒	17	□可能	□不可能
8	游标卡尺	0 ~ 150	□可能	□不可能
9	百分表	0 ~ 3	□可能	□不可能
10	其他（请填写具体名称）			

三、要完成本工作任务，你认为下表中哪些注意事项是必须要遵守的？请在相应的位置打√。

注 意 事 项	选　择	
工量具整齐摆放不搁地	□是	□否
“零件、油、水”不落地	□是	□否
严格按照维修技术标准执行	□是	□否
严格按照要求规范操作设备	□是	□否
及时记录维修工作数据	□是	□否
维修工作完成后需要进行工作现场“6S”管理	□是	□否
其他		

四、任务分工。

根据各成员所承担的角色，进行任务分工，并填写表4-1。

表4-1 任务分工表

序号	组长	记录员	操作员	备注

【实施计划】

一、根据本小组制订的计划，对油底壳及集滤器进行更换，并完成作业表4-2的填写。

表4-2 油底壳及集滤器检测作业记录表

序号	检测项目	检测结果	技术标准
1	油底壳外观检查		
2	油底壳与曲轴箱接触面检查		
3	集滤器滤网		
4	集滤器O形密封圈		

二、查阅维修手册，根据上述的所有检测结果，判断所检测的油底壳和集滤器是否符合技术要求，如果不符合，请给出维修意见。

【检查与考评】

观察员根据操作员的工作过程评分，具体评分细则见表4-3。

表 4-3　油底壳和集滤器更换考核评分记录表

序号	考核内容	配分	评分标准	扣分	得分
1	正确使用工量具	10	使用不当酌情每项扣 2 分		
2	正确拆卸油底壳及集滤器总成	15	拆卸错误每处扣 2 分		
3	清理、检查油底壳	10	未做扣 5 分		
4	清理、检查集滤器	15	未做扣 5 分		
5	正确安装集滤器	10	安装不到位扣 5 分		
6	油底壳上均匀涂抹密封胶	15	涂抹不均匀扣 5 分		
7	按维修手册使用扭力扳手	15	未按扭力上紧扣 5 分		
8	遵守安全操作规程，工量具、零部件不落地，操作现场整洁	10	每项扣 2 分，扣完为止		
9	安全用电，防火，无人身、设备事故		因违规操作发生重大人身或设备事故，此题按 0 分计		
10	分数总计	100			

操作时间：30min　　　　日期：　　年　　月　　日

【评价反馈】

学习内容		学习时间	
任课教师		学生姓名	

自我评价		
1. 会正确拆卸油底壳吗？	会□	不会□
2. 会正确拆卸集滤器吗？	会□	不会□
3. 会正确使用工量具检测油底壳吗？	会□	不会□
4. 会正确清洗集滤器吗？	会□	不会□
5. 会正确安装油底壳吗？	会□	不会□
6. 会正确安装集滤器吗？	会□	不会□
7. 会对检测结果进行判断分析吗？	会□	不会□

8. 你认为自己还有哪些知识没有掌握？

9. 通过该项目的学习你认为还有哪些需要改进的地方？

（续）

小 组 评 价
1. 工作页完成情况。（　　） A. 填写完整　　B. 缺失 0～20%　　C. 缺失 20%～40%　　D. 缺失 40% 以上
2. 能否主动与组内成员积极沟通并协助其他成员共同完成学习任务？（　　） A. 积极主动　　B. 不够主动　　C. 不愿协助
3. 能否主动参与工作现场的清洁和整理工作？（　　） A. 积极主动参与 6S 工作　　B. 在组长的要求下参与 6S 工作 C. 在组长的要求下参与 6S 工作，但效果差　　D. 不愿参与 6S 工作
4. 总体印象评价。（　　） A. 非常优秀　　B. 比较优秀　　C. 有待改进　　D. 急需改进
5. 其他建议： 小组长签名：　　年　月　日
教 师 评 价
  教师签名：　　年　月　日

【知识巩固】

选择题：

1. 发动机过热会使润滑条件（　　）零件的磨损。

A. 不变，加剧　　B. 改善，加剧　　C. 改善，减小　　D. 恶劣，加剧

2. 发动机润滑系中，润滑油的主要流向是（　　）。

A. 集滤器→机油泵→粗滤器→细滤器→主油道→油底壳

B. 集滤器→机油泵→细滤器→主油道→油底壳

C. 集滤器→机油泵→粗滤器→主油道→油底壳

D. 集滤器→粗滤器→机油泵→主油道→油底壳

3. 机油浮式集滤器滤网的中心有一圆孔，其作用是（　　）。

A. 便于拆装　　B. 防止滤网堵塞时中断供油

C. 增大供油量　　D. 便于进油流畅

4. 机油粗滤器上装有旁通阀，当滤芯堵塞时，旁通阀打开使机油（　　）。

A. 不经过滤芯，直接流回油底壳　　B. 直接进入主油道

C. 直接流回细滤器　　D. 流回机油泵

5. 发动机用机油（　　）安装在机油泵的进油孔处。

A. 粗滤器　　B. 细滤器　　C. 集滤器　　D. 冷却器

6.（　　）不是发动机润滑系统的作用。

A. 清洗　　B. 密封　　C. 防锈　　D. 加热

7. 活塞通常采用的润滑方式是（　　）。

A. 压力润滑　　B. 飞溅润滑

C. 润滑方式不确定　　D. 两种润滑方式都有

8. 发动机的凸轮轴轴承采用（　　）润滑方式。

A. 压力　　B. 飞溅　　C. 定期　　D. 不定期

9. 若曲轴主轴承、连杆轴承或凸轮轴轴承间隙过大会造成（　　）。

A. 机油压力过高　　B. 机油压力过低

C. 机油压力不确定　　D. 机油压力一定

10. 机油油量不足或机油黏度过低会造成（　　）。

A. 机油压力过低　　B. 机油压力过高

C. 机油压力不确定　　D. 机油压力一定

任务二 机油泵检测与更换

【任务描述】

一辆五菱宏光汽车，累计行驶 12000km，出现机油灯闪亮、加速时机油灯熄灭的现象，要求对发动机润滑系统进行检修。经维修技师检查发现怠速时机油压力过低、加速时油压勉强达标，现要对机油泵进行检查和更换。

【学习目标】

1. 能根据维修工单，明确任务内容与要求，并能与组员沟通，合理分配任务；
2. 能叙述机油泵的作用、结构和工作原理；
3. 能正确对机油泵进行拆装及检修；
4. 能正确查阅维修手册，确定机油泵相关检测内容、流程与规范，记录相关信息；
5. 能正确选择和使用工量具；
6. 能规范进行相应作业项目的自检，并填写作业表；
7. 能严格认真执行“6S”管理规定。

【学习重点】

1. 汽车润滑系统的结构，机油泵的作用、结构和工作原理；
2. 机油泵的拆装与检测。

【学习难点】

1. 机油泵的工作原理；
2. 机油泵的拆装、检测与更换。

【相关知识】

一、润滑系统和机油泵介绍

1. 汽车润滑系统的作用

对发动机进行润滑、冷却、清洁、密封、防腐防锈和减震缓冲等。

2. 机油泵的作用

机油泵将机油从油底壳中抽出加压后，不断地送到各零件表面进行润滑，维持机油在润滑系统中的循环。

3. 机油泵的分类

机油泵按结构形式可分为齿轮式和转子式两类，齿轮式机油泵又分外啮合齿轮式和内啮合齿轮式，如图4-19和图4-20所示。

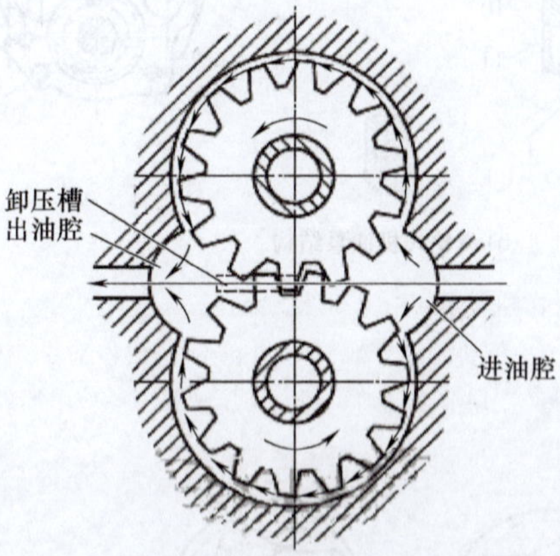

图4-19 外啮合齿轮式

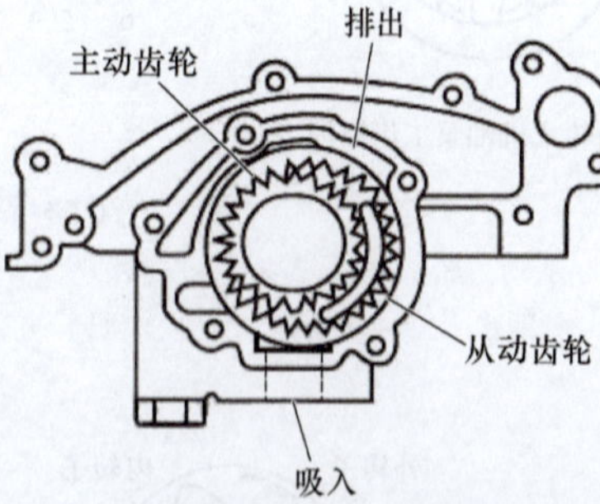

图4-20 内啮合齿轮式

转子式机油泵由壳体、内转子、外转子和泵盖等组成，如图4-21所示。

二、机油泵损坏对发动机的影响

机油泵损坏对发动机有以下三点影响：

1）无法把机油带到其他需要润滑的地方，导致零部件加速损坏；

2）没有机油流动，无法把零件磨损产生的铁屑带走；

3）没有机油流动，无法带走发动机一部分热量。

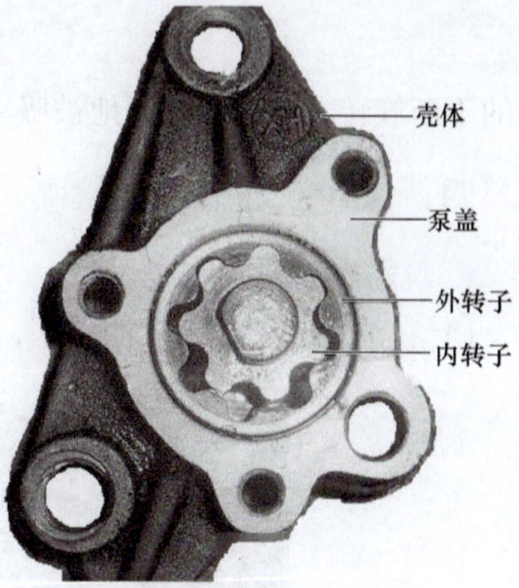

图4-21 转子式机油泵

三、机油泵的工作原理

1. 齿轮式机油泵的工作原理

工作时，主动齿轮带动从动齿轮反向旋转，两齿轮旋转时，充满在齿轮齿槽间的机油沿油泵壳壁由进油腔带到出油腔，如图4-22所示。在进油腔一侧由于齿轮脱开啮合以及机油被不断带出而产生真空，使油底壳内的机油在大气压力作用下经集滤器进入进油腔，而在出油腔一侧由于齿轮进入啮合和机油被不断带入而产生挤压作用，机油以一定压力被泵出。

2. 转子式机油泵的工作原理

转子齿形齿廓设计得使转子转到任何角度时，内、外转子每个齿的齿形廓线上总能互相成点接触，这样内、外转子间形成4个工作腔，随着转子的转动，这4个工作腔的容积是不断变化的，如图4-23所示。在进油道的一侧空腔，由于转子脱开啮合，容积逐渐增大，产生真空，机油被吸入，转子继续旋转，机油被带到出油道的一侧。这时，转子正好进入啮合，使这一空腔容积减小，油压升高，机油从齿间挤出并经出油道压送出去，这样，随着转

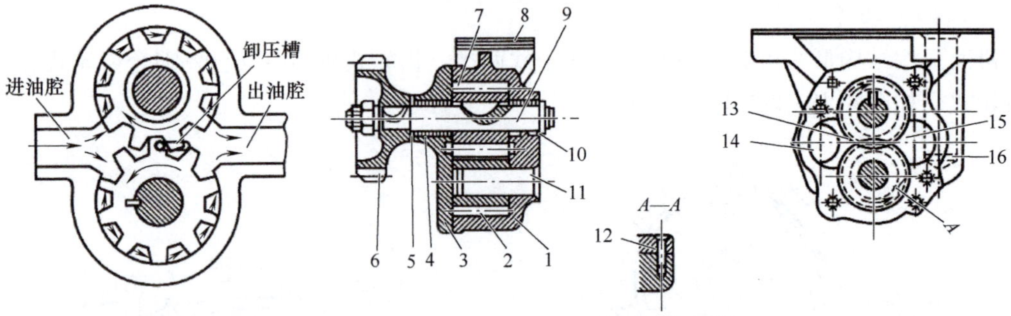

a) 齿轮式机油泵工作原理　　b) 齿轮式机油泵结构

图 4-22　齿轮式机油泵

1—泵体　2—从动齿轮　3—前盖板　4—前轴承　5—轴承　6—传动齿轮　7—主动齿轮　8—调整垫片　9—主动轴　10—后轴承　11—从动轴　12—定位销　13—低压油腔　14—进油口　15—高压油腔　16—出油口

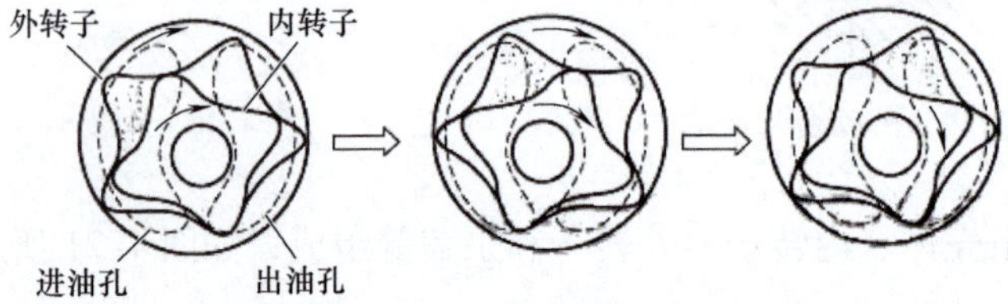

图 4-23　转子式机油泵

子的不断旋转，机油就不断地被吸入和压出。

四、机油泵的拆装与检测

1. 机油泵总成的拆卸步骤

1）在油底壳上找到放油螺塞，拧松放出机油，如图 4-24 所示。

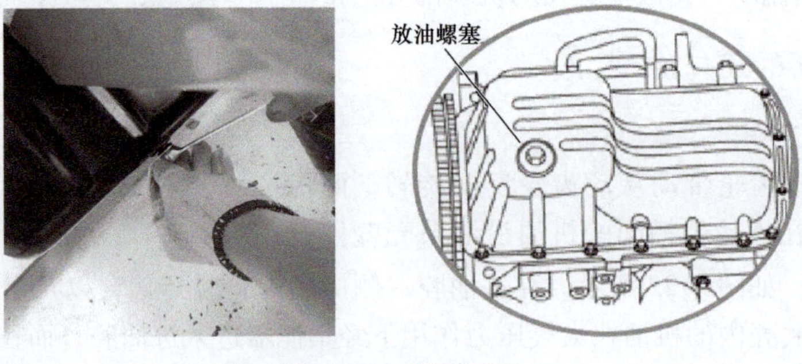

图 4-24　放出机油

2）拆下空调压缩机皮带和水泵皮带，如图 4-25 所示。

3）拆下发动机附件，空调压缩机、发电机、水泵及其支架，如图 4-26 所示。

4）拧开曲轴带轮螺栓，卸下曲轴带轮，如图 4-27 所示。

5）拧开点火线圈螺栓，取下点火线圈。

6）拧开高压线罩螺栓，拆卸高压线罩。

7）拧开发动机罩盖螺栓，取下点火高压线及发动机罩盖，如图 4-28 所示。

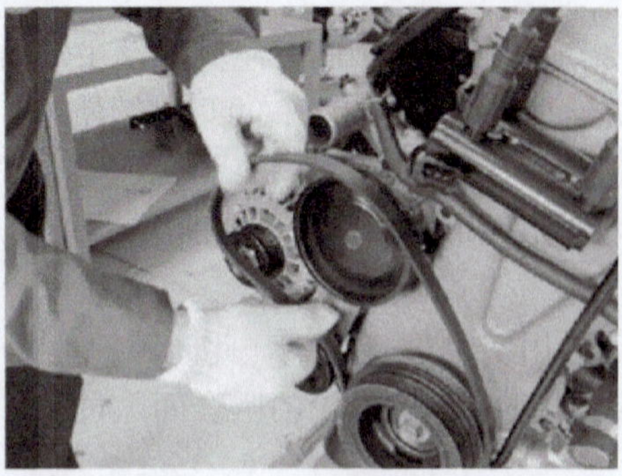

图 4-25　拆卸皮带

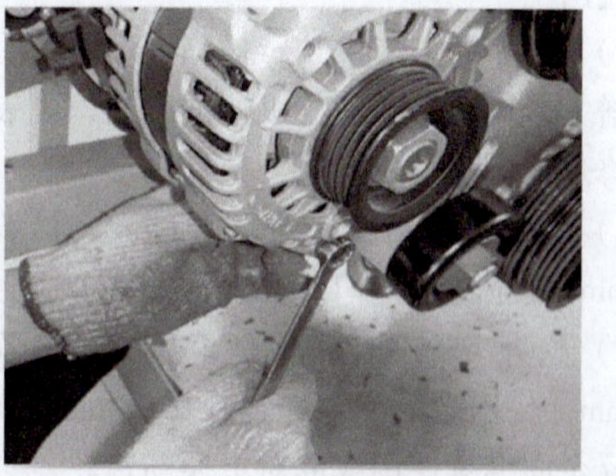

图 4-26　发动机附件的拆卸

8）拧开机油盘螺栓，拆下机油盘。

9）拆下前罩壳。

10）从前罩壳上拆下机油泵后盖螺栓。

11）拆下机油泵总成，如图 4-29 所示。

12）清洁机油泵壳体和所有机油泵零件。

13）检查所有机油泵零件是否磨损，更换磨损的机油泵零件。

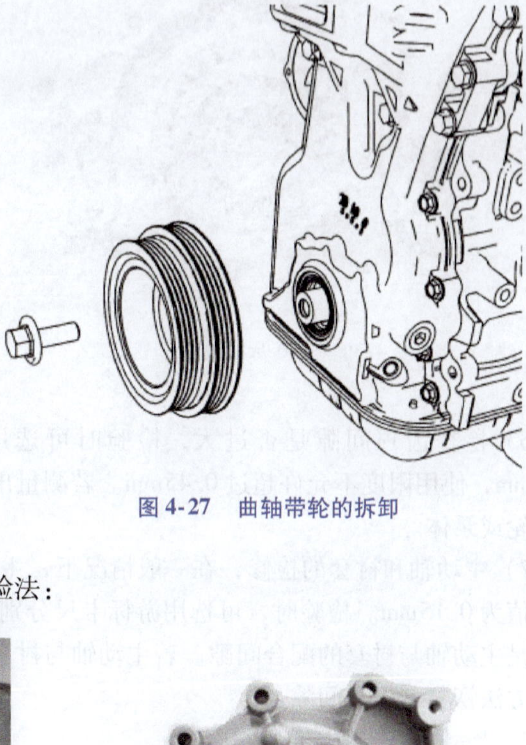

图 4-27　曲轴带轮的拆卸

2. 机油泵的检测

有条件时，应在试验台上检测机油泵的流量和压力，以确定能否继续使用；条件不具备时，可用如下的简易试验法：

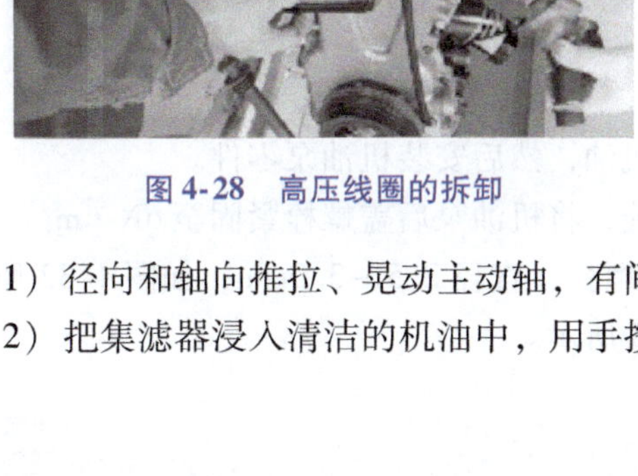

图 4-28　高压线圈的拆卸

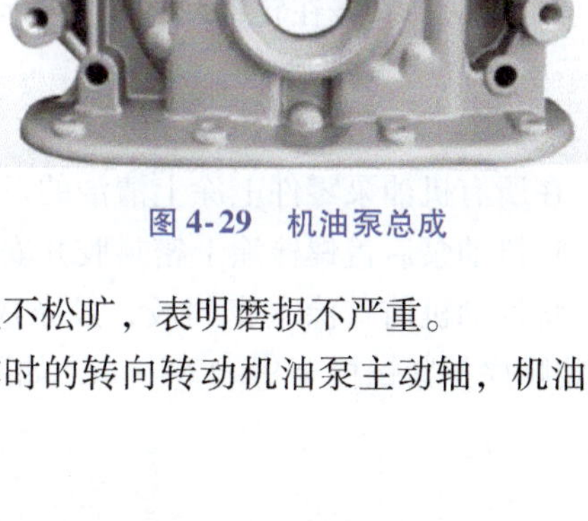

图 4-29　机油泵总成

1）径向和轴向推拉、晃动主动轴，有间隙但不松旷，表明磨损不严重。

2）把集滤器浸入清洁的机油中，用手按工作时的转向转动机油泵主动轴，机油应从出油口流出。

3）用手堵住出油口，继续转动机油泵，手指应有压力感，同时感到转动主动轴的阻力明显增大，直至转不动或机油被压出，则表明机油泵技术状况良好，可以继续使用，否则应拆检修理或更换总成。

4）检查齿轮端面间隙是否过大，检验时可选用塞尺进行测量，此间隙一般为0.05～0.14mm，极限值为0.15mm，如图4-30所示。

5）检查齿轮啮合间隙是否过大，检验时可选用塞尺进行测量，此间隙一般为0.05～0.25mm，使用限度不允许超过0.28mm，如图4-31所示。若齿轮的啮合间隙过大，一般将齿轮反个面继续使用或成对更换新齿轮。

图4-30 内啮合机油泵的检修

图4-31 齿轮啮合间隙的检查

6）检查齿顶间隙是否过大，检验时可选用塞尺进行测量，此间隙一般为0.05～0.15mm，使用限度不允许超过0.45mm。若测量出的结果超过极限间隙值时，一般应成对更换齿轮或泵体。

7）主动轴和衬套的检修，在一般情况下，主动轴与衬套的配合间隙为0.04～0.10mm，极限值为0.15mm。检验时，可选用游标卡尺分别测量出主动轴和衬套内孔的直径，二者之差就是主动轴与衬套的配合间隙。若主动轴与衬套的磨损量超过极限值，一般可通过更换衬套的方法恢复其配合间隙。

3. 齿轮式机油泵的装配与试验

齿轮式机油泵装配时应按拆卸的相反顺序进行，装配后传动部分应转动灵活，无卡阻现象。然后把机油泵放在盛有机油的容器内，一边用大拇指堵塞机油泵出油口，另一边用手转动机油泵的主动轴，若在转动的过程中感觉大拇指有压力并有机油溢出，则说明机油泵的工作性能基本正常。

4. 机油泵总成的装配

1）在所有机油泵零件上涂上清洁的发动机机油，然后安装机油泵零件。

2）将机油泵后盖螺栓涂上密封胶并安装螺栓，将机油泵后盖螺栓紧固至6N·m。

3）将发动机前盖涂上密封胶，胶条应避开螺孔，直径2.5～3.0mm，如图4-32所示；并按安装顺序拧紧螺栓至9～12N·m，如图4-33所示。

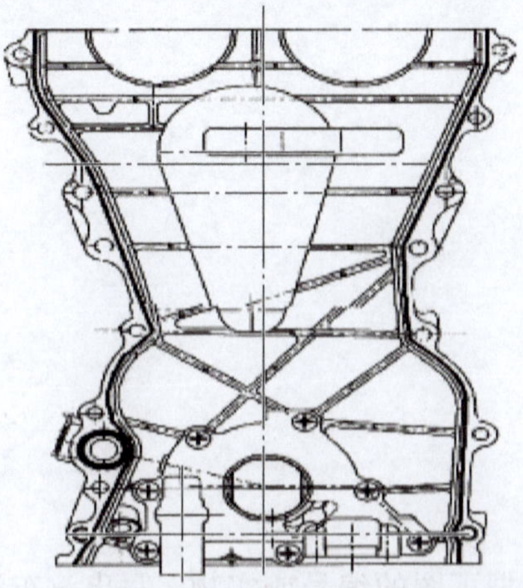

图 4-32 安装前需要涂抹密封胶

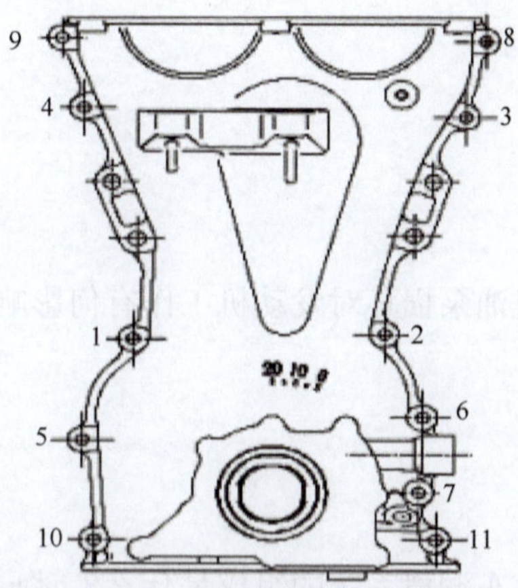

图 4-33 拧紧螺栓的安装

4）安装发动机罩盖，并按规定力矩拧紧螺栓，将发动机罩盖螺栓紧固至 8～12N·m。

5）装好发动机高压线，安装高压线罩盖，并按规定力矩拧紧螺栓。

6）安装点火线圈，并按规定力矩拧紧螺栓，将点火线圈螺栓紧固至 8～12N·m。

7）安装水泵，并按规定力矩拧紧螺栓，将水泵螺栓紧固至 18～22N·m。

8）安装发电机支架、发电机、空调压缩机支架及空调压缩机。

【信息收集】

一、通过感受任务描述中的情景，把感受到的现象用几个关键词写出来。

二、明确工作任务，收集信息。

1. 我们的学习任务是什么？

2. 机油泵的作用是什么？

3. 机油泵的分类有哪些？

4. 齿轮式机油泵是如何工作的？

5. 机油泵损坏对发动机工作有何影响？

6. 汽车润滑系统的组成是什么？请同学们依据下图的编号或实物，写出汽车润滑系统部件的名称。

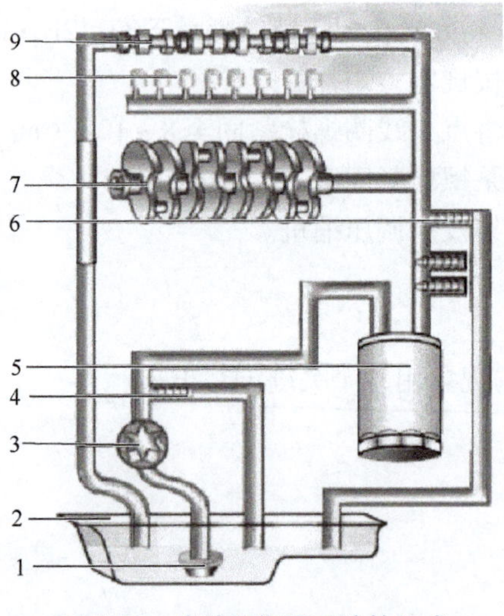

图 4-34　发动机润滑系统的组成

1：________
2：________
3：________
4：________
5：________
6：________
7：________
8：________
9：________

7. 转子式机油泵的零件结构有哪些？请根据下图 4-35 中的编号列举名称。

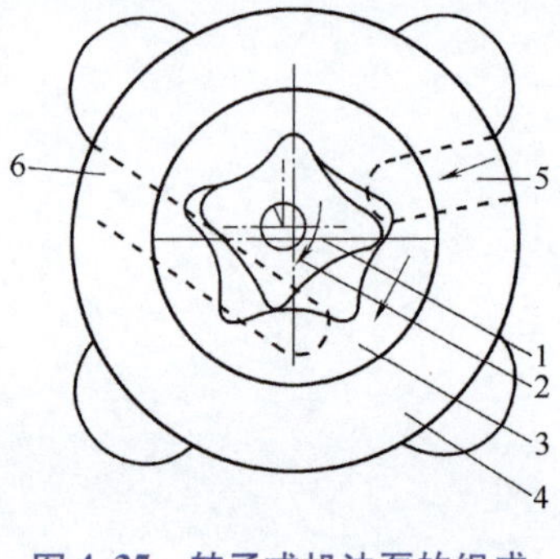

图 4-35　转子式机油泵的组成

1：________
2：________
3：________
4：________
5：________
6：________

【制订计划】

一、制订机油泵的检测计划。

1. 列出检测所需要的工量具。

2. 写出检测过程中的注意事项。

3. 写出机油泵总成的检测流程。

4. 查阅教材或维修手册，找到技术标准并记录。

二、制订机油泵的更换计划。

1. 列出更换所需要的工量具。

2. 写出更换过程中的注意事项。

3. 写出机油泵总成的装配流程。

4. 查阅教材或维修手册，找到技术标准并记录。

三、请在下表中选择在更换中可能用到的工量具（在对应的选项中打√即可）。

序　号	工量具名称	型　号	选　择	
1	梅花扳手	12 ~ 14	□可能	□不可能
2	呆扳手	12 ~ 14	□可能	□不可能
3	扭力扳手	0 ~ 300	□可能	□不可能
4	棘轮扳手	中号	□可能	□不可能
5	套筒	12	□可能	□不可能
6	套筒	14	□可能	□不可能
7	套筒	17	□可能	□不可能
8	游标卡尺	0 ~ 150	□可能	□不可能
9	百分表	0 ~ 3	□可能	□不可能
10	其他（请填写具体名称）			

四、要完成本工作任务，你认为下表中哪些注意事项是必须要遵守的？请在相应的位置打√。

注 意 事 项	选　择	
工量具整齐摆放不搁地	□是	□否
“零件、油、水”不落地	□是	□否
严格按照维修技术标准执行	□是	□否
严格按照要求规范操作设备	□是	□否
及时记录维修工作数据	□是	□否
维修工作完成后需要进行工作现场“6S”管理	□是	□否
其他		

五、任务分工

根据各成员所承担的角色，进行任务分工，填写表4-4。

表 4-4　任务分工表

序　号	组　长	记 录 员	操 作 员	备　注

【实施计划】

一、根据本小组制订的计划，对机油泵进行检测与更换，并完成作业表4-5的填写。

表 4-5 机油泵检测作业记录表

序　号	检 测 项 目	检 测 结 果	技 术 标 准
1	泵盖平面度检测		
2	齿轮与泵盖间隙检测		
3	齿轮与泵体的间隙检测		
4	主、从动齿轮啮合间隙检测		
5	机油泵转动灵活度检测		

二、查阅维修手册，根据上述的所有检测结果，判断所检测的机油泵是否符合技术要求，如果不符合，请给出维修意见。

【检查与考评】

观察员根据操作员的工作过程评分，具体评分细则见表 4-6。

表 4-6 机油泵检测与更换考核评分记录表

序　号	考 核 内 容	配　分	评 分 标 准	扣　分	得　分
1	正确使用工量具	10	使用不当酌情每项扣 2 分		
2	正确拆卸机油泵总成	10	拆卸错误每处扣 2 分		
3	泵盖平面度检测	10	检测方法错误每项扣 2 分		
			检测结果错误扣 2 分		
4	齿轮与泵盖间隙检测	10	检测方法错误每项扣 2 分		
			检测结果错误扣 2 分		
5	齿轮与泵体的间隙检测	10	检测方法错误每项扣 2 分		
			检测结果错误扣 2 分		
6	主、从动齿轮啮合间隙检测	10	检测方法错误每项扣 2 分		
			检测结果错误扣 2 分		
7	机油泵转动灵活度检测	10	检测方法错误每项扣 2 分		
			检测结果错误扣 2 分		

（续）

序　号	考核内容	配　分	评分标准	扣　分	得　分
8	装配机油泵总成	10	装配错误每处扣 2 分		
9	遵守安全操作规程，工量具、零部件不落地，操作现场整洁	10	每项扣 2 分，扣完为止		
10	安全用电，防火，无人身、设备事故	10	因违规操作发生重大人身或设备事故，此题按 0 分计		
11	分数总计	100			

操作时间：30min　　　　日期：　　年　　月　　日

【评价反馈】

学习内容		学习时间	
任课教师		学生姓名	

自我评价		
1. 会正确拆卸机油泵吗？	会□	不会□
2. 会正确使用工量具检测机油泵吗？	会□	不会□
3. 会正确清洗机油泵吗？	会□	不会□
4. 会正确安装机油泵吗？	会□	不会□
5. 会对检测结果进行判断分析吗？	会□	不会□

6. 你认为自己还有哪些知识没有掌握？

7. 通过该项目的学习你认为还有哪些需要改进的地方？

小组评价

1. 工作页完成情况。(　　)
   A. 填写完整　B. 缺失 0～20%　C. 缺失 20%～40%　D. 缺失 40% 以上

2. 能否主动与组内成员积极沟通并协助其他成员共同完成学习任务？(　　)
   A. 积极主动　B. 不够主动　C. 不愿协助

3. 能否主动参与工作现场的清洁和整理工作？(　　)
   A. 积极主动参与 6S 工作　B. 在组长的要求下参与 6S 工作
   C. 在组长的要求下参与 6S 工作，但效果差　D. 不愿参与 6S 工作

4. 总体印象评价。(　　)
   A. 非常优秀　B. 比较优秀　C. 有待改进　D. 急需改进

（续）

5. 其他建议：

小组长签名：　　　年　　月　　日

教师评价

教师签名：　　　年　　月　　日

【知识巩固】

选择题：

1. 转子式机油泵工作时（　　）。

A. 外转子的转速高于内转子的转速　　B. 外转子的转速低于内转子的转速

C. 外转子的转速等于内转子的转速定　　D. 内外转子的转速不确

2. 发动机正常工作时，机油泵上的限压阀应该是（　　）。

A. 经常处于溢流状态　　B. 经常处于关闭状态

C. 热机时开，冷机时关　　D. 热机时关，冷机时开

3. 机油泵的出油压力超过（　　）kPa 时，限压阀被打开。

A. 500　　B. 600　　C. 700　　D. 800

4. 机油泵常用的形式有（　　）。

A. 齿轮式与膜片式　　B. 转子式和活塞式

C. 转子式与齿轮式　　D. 柱塞式与膜片式

5. 机油泵泵送到粗、细滤清器的油量分别是（　　）。

A. 粗滤器 65% ~ 75%、细滤器 25% ~35%

B. 粗滤器 10% ~15%、细滤器 85% ~ 90%

C. 粗滤器 85% ~90%、细滤器 10% ~ 15%

D. 粗滤器 50% ~60%、细滤器 40% ~50%

6. 发动机润滑系统中润滑油的正常油温为（　　）。

A. 40 ~ 50℃　　B. 50 ~ 70℃

C. 70 ~ 90℃　　D. 大于 100℃

7. 齿轮式机油泵的主从动齿轮作（　　）方向的旋转。

A. 相同　　B. 相反　　C. 顺时针　　D. 逆时针

8. 转子式机油泵内外转子不同心，但旋转方向（　　）。

A. 相反　　B. 相同　　C. 交叉　　D. 平行

9. 润滑系统的机油压力来源于（　　）。

A. 集滤器　　B. 粗滤器　　C. 机油泵　　D. 油底壳

10. 机油压力传感器应该装在（　　）。

A. 油底壳内　　B. 横隔油道上　　C. 旁通阀上　　D. 主油道上

项目五

冷却系统检修

发动机冷却系统的作用是对工作中的发动机进行适当的冷却，保证发动机在正常工作温度下持续运行。冷却系统的总成、附件达不到使用要求或出现故障，发动机工作时就不能及时散热，轻则导致发动机温度高于规定值、造成机件磨损加剧、影响发动机寿命，重则致使发动机温度急剧升高、润滑条件恶化、发动机在短时间内拉缸烧瓦而严重损坏。

本项目主要学习冷却系统的组成及工作原理、冷却系统部件的检测等内容，使学生掌握发动机冷却系统检修的基本方法。

本项目包括以下学习任务：

任务一　节温器检测与更换

任务二　冷却水泵检查与更换

任务一 节温器检测与更换

【任务描述】

据某五菱宏光车主反映，该车的发动机仪表上冷却液温度警告灯闪亮，发动机发生“开锅”现象，并且风扇一直在转。经维修技师检查初步判断为冷却系统无法实现大循环，再进一步检查，发现是节温器不工作引起的故障，为排除故障需要对节温器进行检测与更换。

【学习目标】

1. 能根据维修工单，明确任务内容与要求，并能与组员沟通，合理分配任务；
2. 能叙述节温器的作用、结构和工作原理；
3. 能正确拆装及检修或更换节温器；
4. 能准确查阅维修手册，确定节温器相关检测内容、流程与规范，记录相关信息；
5. 能正确选择和使用工量具；
6. 能规范进行相应作业项目的自检，并填写作业表；
7. 能严格认真执行“6S”管理规定。

【学习重点】

1. 汽车冷却系统的结构，节温器的作用、结构和工作原理；
2. 节温器的拆装与检测。

【学习难点】

1. 节温器的工作原理；
2. 节温器的拆装、检测与更换。

【相关知识】

一、节温器的结构与原理

1. 节温器的作用

发动机的冷却系统中装有节温器，节温器可以随着发动机冷却液温度和负荷的改变而改变冷却液循环的强度以及冷却液的循环路线和流量，保持发动机的温度，缩短发动机热起动的时间，减少发动机燃料的消耗，减少副机件的磨损。

2. 蜡式节温器的结构

蜡式节温器由上支架、下支架、主阀门、旁通阀、感应体、中心杆、橡胶管和弹簧等组成，如图5-1所示。上支架和下支架与阀座铆成一体，中心杆上端固定在上支架的中心，其下部插入橡胶管的中心孔内，中心杆下端呈锥形，橡胶管与感应体外壳之间的空腔里装有石蜡。为了提高导热性，石蜡中常掺有铜粉和铝粉，感应体外壳上下部有联动的主阀门和旁通阀门，主阀门有通气孔，它的作用是在加水时使水套内的空气经小孔排出，保证能加满水，为了防止通气孔阻塞，有的加装一个摆锤。

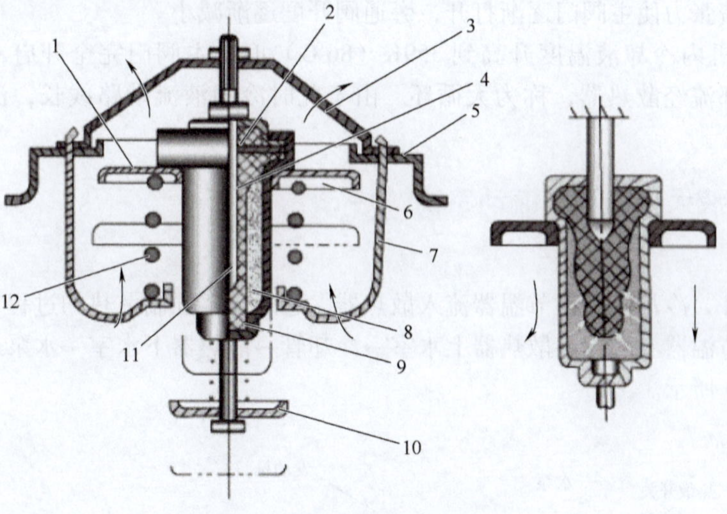

图5-1 蜡式节温器的结构示意图

1—主阀门 2—盖和密封垫 3—上支架 4—橡胶管 5—阀座 6—通气孔 7—下支架 8—石蜡 9—感应体 10—旁通阀 11—中心杆 12—弹簧

3. 蜡式节温器的工作原理

蜡式节温器（图5-2）的工作原理是通过石蜡在高低温的状态变形，推动中心杆进而控

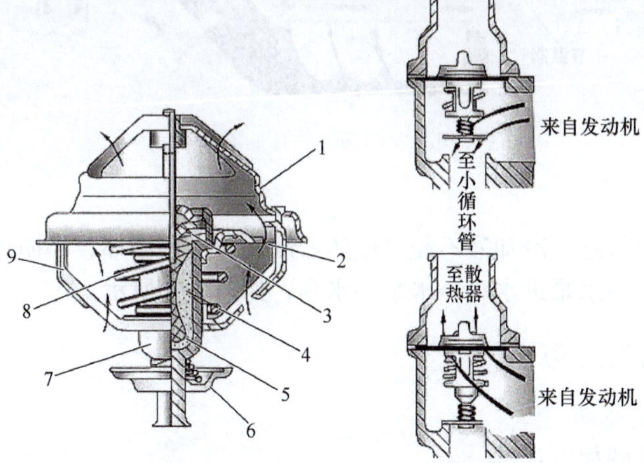

图5-2 蜡式节温器的工作原理

1—上支架 2—主阀门 3—推杆 4—石蜡 5—胶管 6—副阀门 7—节温器外壳 8—弹簧 9—下支架

制阀门的开闭实现大小循环的切换。

① 当冷却液温度低于349K（76℃）时，主阀门完全关闭，旁通阀完全开启，由气缸盖出来的冷却液经旁通管直接进入水泵，故称小循环。由于水只是在水泵和水套之间流动，不经过散热器，且流量小，所以冷却强度弱。

② 当冷却液温度为349～359K（76～86℃）时，大小循环同时进行，当发动机水温达349K（76℃）左右时，石蜡逐渐变成液态，体积随之增大，迫使橡胶管收缩，从而对中心杆下部锥面产生向上的推力。由于杆的上端固定，故中心杆对橡胶管及感应体产生向下的反推力，克服弹簧张力使主阀门逐渐打开，旁通阀开度逐渐减小。

③ 当发动机内冷却液温度升高到359K（86℃）时，主阀门完全开启，旁通阀完全关闭，冷却水全部流经散热器，称为大循环。由于此时冷却液流动路线长，流量大，冷却强度强。

二、冷却液大小循环的流动路线

1. 大循环

节温器全开，冷却液经过节温器流入散热器，通过风扇强制散热的过程，大循环的流动路线：水套→节温器主阀门→散热器上水室→冷却管→散热器下水室→水泵进水口→水泵→水套，如图5-3所示。

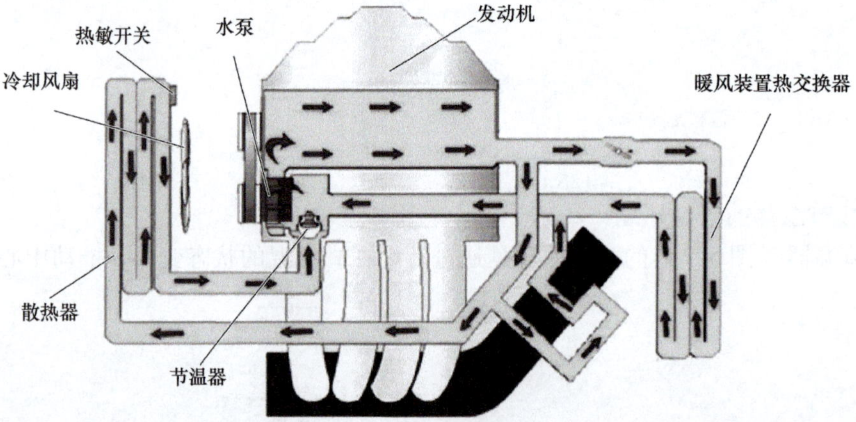

图5-3 冷却液大循环的流动路线

2. 小循环

节温器处于关闭状态，冷却液不经过散热器散热称为小循环，小循环路线是：水套→节温器旁通孔→旁通管→水泵进水口→水泵→水套，如图5-4所示。

三、节温器的检测与更换

1. 节温器总成的拆卸

节温器的拆卸步骤如下：

1）举升车辆，找到节温器安装位置，如图5-5所示；

2）从节温器盖上拆下发动机出水管；

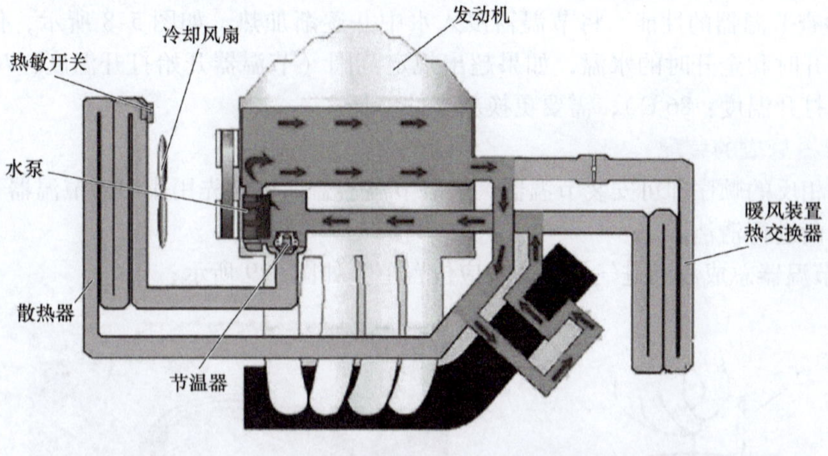

图 5-4　冷却液小循环的流动路线

3）松开节温器盖螺栓，拆下节温器盖；

4）取下节温器盖和节温器盖密封垫；

5）取下节温器总成，如图 5-6 所示。

注意事项：拆卸前请先排出冷却系统内的冷却液，并注意收集好，乱排放会污染环境。

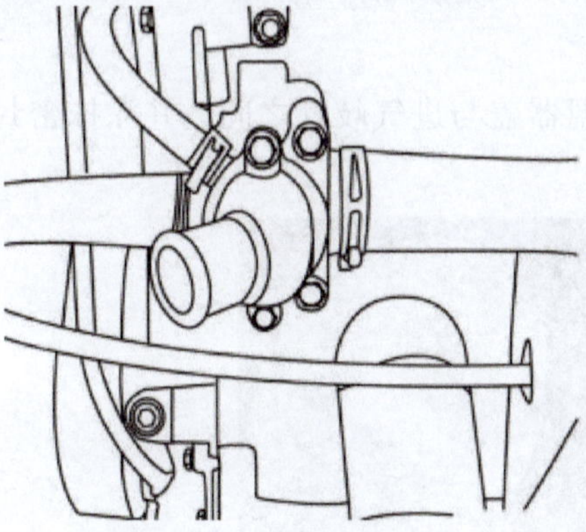

图 5-5　节温器安装位置

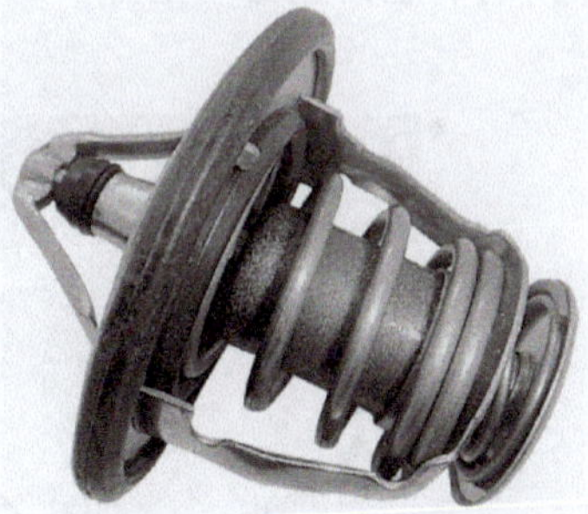

图 5-6　节温器总成

2. 节温器的检测

（1）节温器的好坏判断

1）就车判断。通过上下水管的温差进行判断：节温器未开时，一般是上水管热，下水管冷；当节温器开启之后，上下水管温度应基本一样，说明节温器良好。

2）查看节温器的排气口，是否有脏物堵塞，如有要清除干净，如图 5-7 所示。

图 5-7　脏物堵塞节温器

3）节温器各部位是否有裂纹和变形，如有要更换新零件。

（2）检查节温器的性能　将节温器浸入水中并逐渐加热，如图 5-8 所示，仔细查看节温器开始打开时和全开时的水温，如果超出规定范围（节温器开始打开温度：76 ±1.5 ℃；节温器全部打开温度：86℃），需要更换新零件。

3. 节温器总成的装配

按拆卸相反的顺序即可安装节温器，安装节温器盖前，应先用小刀对节温器气盖和进气歧管的接合面进行清洁。

1）将节温器总成放到进气歧管的对应位置上，如图 5-9 所示；

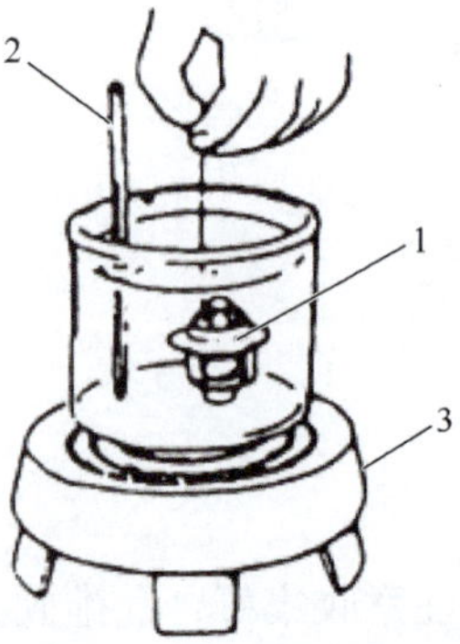

图 5-8　热水检查节温器

图 5-9　安装节温器

2）取一片新的节温器盖密封垫，安放在节温器盖与进气歧管之间，并涂抹密封胶，如图 5-10 所示。

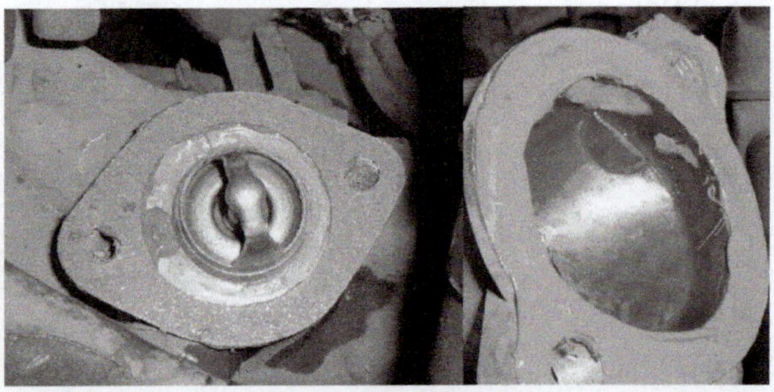

图 5-10　节温器总成安装

3）将节温器盖密封垫和节温器盖一起装到进气歧管上，并按规定力矩拧紧，紧固节温器盖的紧固螺栓至 8 ~ 12N · m；

4）将出水管接到节温器盖上，并用夹箍夹紧。

【信息收集】

一、通过感受任务描述中的情景，把感受到的现象用几个关键词写出来。

二、明确工作任务，收集信息。

1. 我们的学习任务是什么？

2. 汽车冷却系统的作用是什么？

3. 汽车冷却系统由哪些部件组成？请依据图 5-11 的编号或实物，写出汽车冷却系统部件的名称。

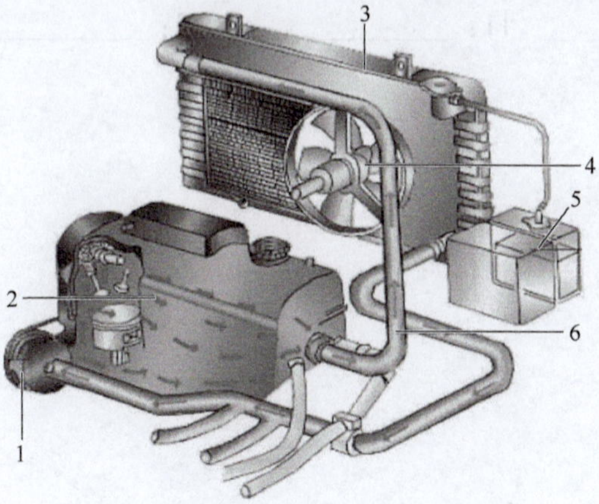

图 5-11　发动机冷却系统的结构

1：________
2：________
3：________
4：________
5：________
6：________

4. 节温器的作用是什么？简述蜡式节温器的工作原理。

5. 节温器损坏对发动机工作有何影响？

6. 请对应图 5-12 中的编号写出蜡式节温器的零件名称。

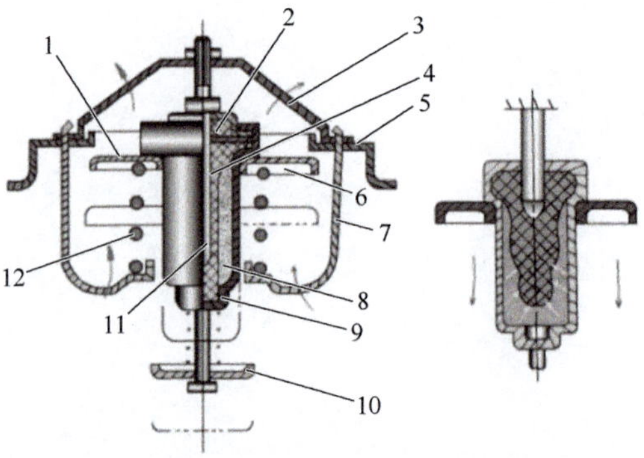

图 5-12　蜡式节温器的结构示意图

1：________	2：________	3：________	4：________
5：________	6：________	7：________	8：________
9：________	10：________	11：________	12：________

7. 写出冷却系统大循环路线。

8. 写出冷却系统小循环路线。

【制订计划】

一、制订节温器的检测计划。

1. 列出检测所需要的工量具。

2. 写出检测过程中的注意事项。

3. 写出节温器检测的方法。

4. 查阅教材或维修手册，找到技术标准并记录。

二、制订节温器的更换计划。

1. 列出更换所需要的工量具。

2. 写出更换过程中的注意事项。

3. 写出节温器总成的更换流程。

4. 查阅教材或维修手册，找到技术标准并记录。

三、请在下表中选择节温器在更换中可能用到的工量具（在对应的选项中打√即可）。

序　　号	工量具名称	型　　号	选　　择	
1	梅花扳手	12～14	□可能	□不可能
2	呆扳手	12～14	□可能	□不可能
3	扭力扳手	0～300	□可能	□不可能
4	棘轮扳手	中号	□可能	□不可能
5	套筒	12	□可能	□不可能
6	套筒	14	□可能	□不可能
7	套筒	17	□可能	□不可能
8	游标卡尺	0～150	□可能	□不可能
9	百分表	0～3	□可能	□不可能
10	其他（请填写具体名称）			

四、要完成本工作任务，你认为表中哪些注意事项是必须要遵守的？请在相应的位置打√。

注意事项	选择	
工量具整齐摆放不搁地	□是	□否
“零件、油、水”不落地	□是	□否
严格按照维修技术标准执行	□是	□否
严格按照要求规范操作设备	□是	□否
及时记录维修工作数据	□是	□否
维修工作完成后需要进行工作现场“6S”管理	□是	□否
其他		

五、任务分工。

根据各成员所承担的角色，进行任务分工，并填写表 5-1。

表 5-1　任务分工表

序号	组长	记录员	操作员	备注

【实施计划】

一、根据本小组制订的计划，对节温器进行检测与更换，并完成作业表 5-2 的填写。

表 5-2　节温器检测作业记录表

序号	检测项目	检测结果	技术标准
1	节温器外观检查		
2	节温器开始打开温度		
3	节温器全部打开温度		

二、查阅维修手册，根据上述的所有检测结果，判断所检测的节温器是否符合技术要求，如果不符合，请给出维修意见。

【检查与考评】

观察员根据操作员的工作过程评分，具体评分细则见下表5-3。

表5-3 节温器检测与更换考核评分记录表

序号	考核内容	配分	评分标准	扣分	得分
1	正确使用工量具	10	使用不当酌情每次扣2分		
2	正确拆卸节温器总成	20	拆卸错误每处扣2分		
3	节温器外观检查	10	检测方法错误每项扣2分		
			检测结果错误扣2分		
4	节温器性能检测	20	检测方法错误每项扣2分		
			检测结果错误扣2分		
5	节温器好坏判断	10	检测方法错误每项扣2分		
			检测结果错误扣2分		
6	装配节温器总成	10	装配错误每处扣2分		
7	遵守安全操作规程，工量具、零部件不落地，操作现场整洁	10	每项扣2分，扣完为止		
8	安全用电，防火，无人身、设备事故	10	因违规操作发生重大人身或设备事故，此题按0分计		
9	分数总计	100			

操作时间：30min　　　　日期：　　年　　月　　日

【评价反馈】

学习内容		学习时间	
任课教师		学生姓名	

自我评价		
1. 会正确拆卸节温器吗？	会□	不会□
2. 会正确使用工量具检测节温器吗？	会□	不会□
3. 会正确清洗节温器吗？	会□	不会□
4. 会正确安装节温器吗？	会□	不会□
5. 会对检测结果进行判断分析吗？	会□	不会□

6. 你认为自己还有哪些知识没有掌握？

7. 通过该项目的学习你认为还有哪些需要改进的地方？

（续）

小 组 评 价
1. 工作页完成情况。（ ） A. 填写完整　B. 缺失 0～20%　C. 缺失 20%～40%　D. 缺失 40%以上
2. 能否主动与组内成员积极沟通并协助其他成员共同完成学习任务？（ ） A. 积极主动　B. 不够主动　C. 不愿协助
3. 能否主动参与工作现场的清洁和整理工作？（ ） A. 积极主动参与 6S 工作　B. 在组长的要求下参与 6S 工作 C. 在组长的要求下参与 6S 工作，但效果差　D. 不愿参与 6S 工作
4. 总体印象评价。（ ） A. 非常优秀　B. 比较优秀　C. 有待改进　D. 急需改进
5. 其他建议： 小组长签名：　年　月　日
教 师 评 价
  教师签名：　年　月　日

【知识巩固】

选择题：

1. 当节温器失效后，冷却系统（ ）。

A. 只有小循环　B. 只有大循环

C. 既有大循环又有小循环　D. 电控风扇停转

2. 下列属于发动机强制冷却液循环流动的零部件是（ ）。

A. 水泵　B. 节温器

C. 曲轴位置传感器　D. 压力传感器

3. 下列说法正确的是（ ）。

A. 汽车发动机强制冷却液循环流动常用离心式水泵

B. 节温器是用来调节冷却温度，保证发动机在最适宜的温度下工作

C. 节温器是通过 ECU 来控制其开闭的

D. 节温器的工作温度一般大于 85℃

4. 节温器中使阀门开闭的部件是（ ）。

A. 阀座　B. 石蜡感应体　C. 支架　D. 弹簧

5. 如果节温器阀门打不开，发动机将会出现（　　）的现象。

A. 温升慢　　B. 热容量减少　　C. 不能起动　　D. 怠速不稳定

6. 蜡式节温器中的蜡泄漏时，会使（　　）

A. 水流只能进行大循环　　B. 水流只能进行小循环

C. 大、小循环都不能进行　　D. 大、小循环都能进行

7. 加注冷却液时，最好选择（　　）。

A. 井水　　B. 泉水　　C. 雨雪水　　D. 蒸馏水

8. 节温器通过改变流经散热器的（　　）来调节发动机的冷却强度。

A. 冷却液的流量　　B. 冷却液的流速

C. 冷却液的流向　　D. 冷却液的温度

9. 当发动机机体的温度超过90℃时，冷却液（　　）。

A. 全部进行小循环　　B. 全部进行大循环

C. 大、小循环同时进行　　D. 不一定

10. 冷却系统既要防止发动机过热，也要防止发动机过冷，发动机冷起动后首先由（　　）控制使用小循环散热，温度升高后开启大循环。

A. 副水箱　　B. 水泵　　C. 节温器　　D. 压力盖

任务二 冷却水泵检查与更换

【任务描述】

一辆五菱宏光汽车，在长时间运行的过程中出现发动机冷却液温度增高、温度降不下来、发动机靠近水泵部位有渗漏，并且水泵部位有异响等现象。经检查，发现是水泵引起的故障，为排除故障需要对水泵进行检查与更换。

【学习目标】

1. 能根据维修工单，明确任务内容与要求，并能与组员沟通，合理分配任务；
2. 能叙述水泵的作用、结构和工作原理；
3. 能正确拆装及检查更换水泵；
4. 能准确查阅维修手册，确定水泵相关检查内容、流程与规范，记录相关信息；
5. 能正确选择和使用工量具；
6. 能规范进行相应作业项目的自检，并填写作业表；
7. 能严格认真执行“6S”管理规定。

【学习重点】

1. 汽车冷却系统的结构，水泵的作用、结构和工作原理；
2. 水泵的拆装。

【学习难点】

1. 水泵的工作原理；
2. 水泵的拆装、检查与更换。

【相关知识】

一、冷却水泵的构造与原理

1. 水泵的作用

水泵的作用是对冷却液加压，使冷却液在冷却系统中循环流动。

2. 离心式水泵构造

离心式水泵总成如图 5-13 所示，主要由带轮、泵体、泵轴、叶轮等组成。

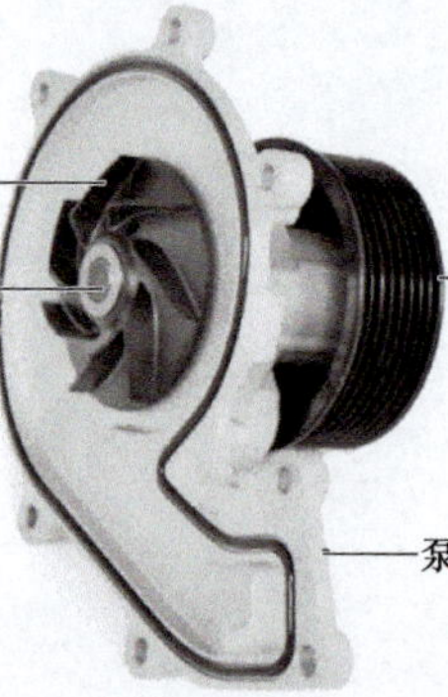

图 5-13 离心式水泵的结构

3. 离心式水泵的工作原理

离心式水泵的工作原理如图 5-14 所示，当叶轮旋转时，水泵中的冷却液被叶轮带动一起旋转，在离心力作用下，冷却液被甩向叶轮边缘，然后经外壳上与叶轮成切线方向的出水管送到发动机水套内，与此同时，叶轮中心处的压力降低，散热器中的冷却液便经进水管被吸进叶轮中心部分。

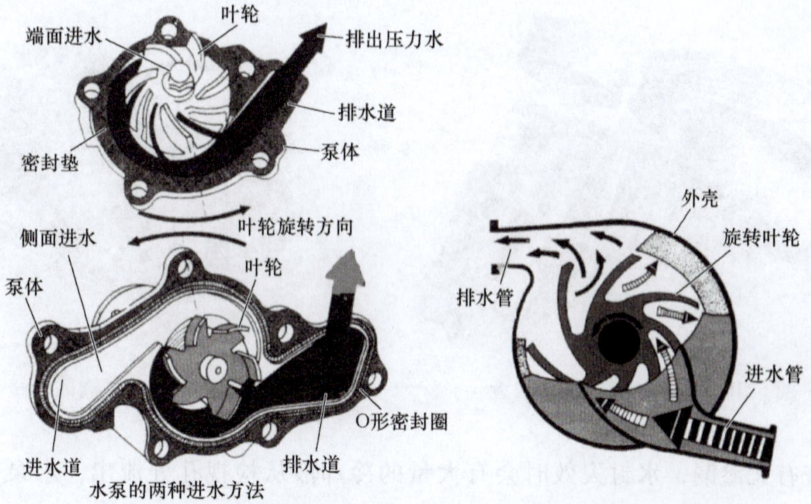

图 5-14 离心式水泵的工作原理

4. 离心式水泵的优点

汽车上广泛使用离心式水泵，它具有结构紧凑、泵水量大以及因故障而水泵停止工作时不妨碍冷却液在冷却系统内部自然循环等优点。

二、水泵的拆装与检查

1. 水泵总成的拆卸

拆卸水泵前应先排出系统内的冷却液，并注意收集好以免污染环境。

1）举升车辆，并拆下发动机油底壳的保护板，找到水泵的安装位置，如图 5-15 所示；

2）拆下换档支架总成；

3）拆下压缩机传动带及压缩机总成；

4）拆下发电机传动带及发电机总成；

5）松开压缩机支架安装螺钉及压缩机与水泵总成连接螺钉，拆下压缩机支架；

6）松开水泵安装螺钉，拆下水泵总成和水泵密封垫。

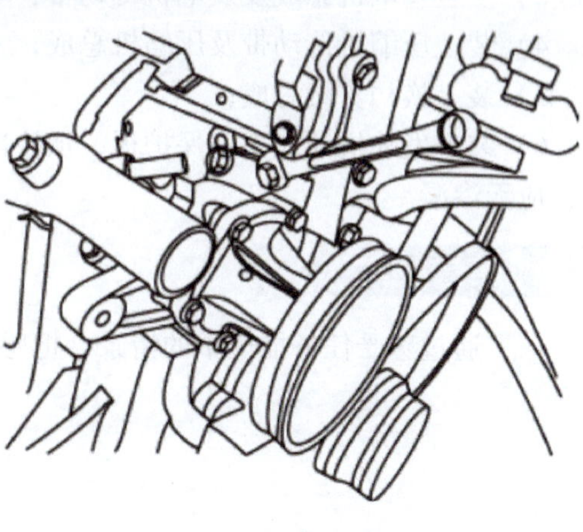

图 5-15 水泵安装位置

2. 水泵的检查

水泵总成的检查程序是：先进行总成的外

部检查，如图 5-16 所示。如发现不合格，即应拆检修理或更换水泵总成。

1）外部检查合格，应在试验台上按原厂规定进行规定转速下的压力和流量试验，合格的水泵可继续使用，不合格的应拆检修理或更换；

2）用手转动水泵，检查运转是否灵活，如有噪声、卡滞、密封面损伤、水泵叶片损坏等缺陷导致不能使用时，应更换水泵，如图 5-17 所示；

图 5-16　水泵总成外部的检查

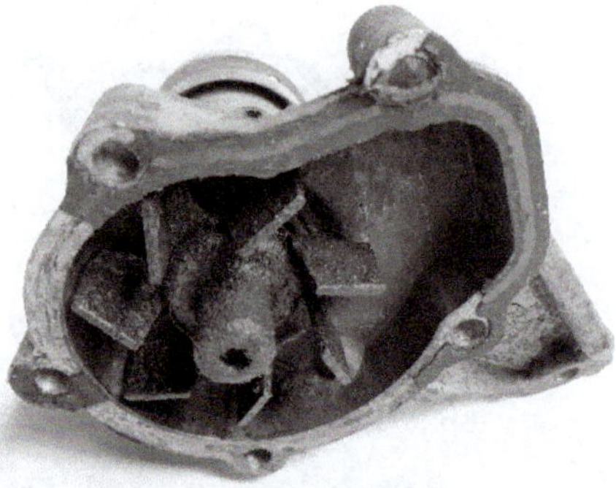

图 5-17　水泵总成的检修

3）检查有无渗漏，水封失效时会有大量的冷却液从检视孔处流出，水泵壳体如有裂纹，也会发生渗漏；

4）检查带轮的转动和轴向、径向窜动量，用手转动带轮，应运转灵活、无卡滞现象，否则，泵轴可能弯曲或轴承浸水锈蚀。

3. 水泵总成的装配

按拆卸相反的顺序即可安装水泵，安装水泵总成前，应先用小刀对水泵与曲轴箱总成的接合面进行清洁。

1）取一片新的水泵密封垫，安装到水泵总成和曲轴箱之间；

2）装上水泵总成及压缩机支架，并按规定力矩拧紧螺栓，紧固水泵总成的螺栓和螺母至 28～32N·m；

3）安装发电机总成及发电机传动带；

4）装上压缩机传动带及压缩机总成；

5）装上换档支架总成；

6）装上发动机油底壳的保护板，加注冷却液，并起动发动机试验冷却系统工作是否正常，应无渗漏。

【信息收集】

一、通过感受任务描述中的情景，把感受到的现象用几个关键词写出来。

二、明确工作任务，收集信息。

1. 我们的学习任务是什么？

2. 水泵的作用是什么？

3. 冷却水泵损坏对发动机工作有何影响？

4. 请对应图 5-18 中的编号写出离心式水泵的零件名称。

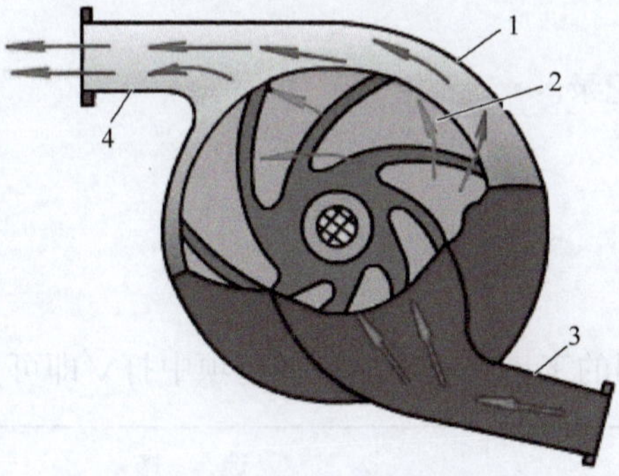

1：________

2：________

3：________

4：________

图 5-18　离心式水泵的组成

5. 请简述离心式水泵的工作原理。

6. 请简述离心式水泵的优点。

【制订计划】

一、制订水泵的检查、更换计划。

1. 列出更换所需要的工量具。

2. 写出检查、更换过程中的注意事项。

3. 写出水泵总成的更换流程：

4. 查阅教材或维修手册，找到技术标准并记录。

二、请在下表中选择水泵在更换中可能用到的工量具（在对应的选项中打√即可）。

序　号	工量具名称	型　号	选　择	
1	梅花扳手	12～14	□可能	□不可能
2	呆扳手	12～14	□可能	□不可能
3	扭力扳手	0～300	□可能	□不可能
4	棘轮扳手	中号	□可能	□不可能
5	套筒	12	□可能	□不可能
6	套筒	14	□可能	□不可能
7	套筒	17	□可能	□不可能
8	游标卡尺	0～150	□可能	□不可能
9	百分表	0～3	□可能	□不可能
10	其他（请填写具体名称）			

三、要完成本工作任务，你认为下表中哪些注意事项是必须要遵守的？请在相应的位置打√。

注意事项	选　择	
工量具整齐摆放不搁地	□是	□否
“零件、油、水”不落地	□是	□否
严格按照维修技术标准执行	□是	□否
严格按照要求规范操作设备	□是	□否
及时记录维修工作数据	□是	□否
维修工作完成后需要进行工作现场“6S”管理	□是	□否
其他		

四、任务分工

根据各成员所承担的角色，进行任务分工，填写表5-4。

表5-4　任务分工表

序　号	记　录　员	操　作　员	备　注

【实施计划】

一、根据本小组制订的计划，对水泵进行检查与更换，并完成作业表5-5的填写。

表5-5　水泵检查作业记录表

序　号	检测项目	检测结果	技术标准
1	水泵壳体		
2	水泵叶轮		
3	水泵轴承		
4	水泵密封		
5	水泵带轮		

二、查阅维修手册，根据上述的所有检测结果，判断所检测的水泵是否符合技术要求，如果不符合，请给出维修意见。

【检查与考评】

观察员根据操作员的工作过程评分，具体评分细则见表5-6。

表5-6　水泵检查更换考核评分记录表

序　号	考核内容	配　分	评分标准	扣　分	得　分
1	正确使用工量具	10	使用不当酌情每项扣2分		
2	正确拆卸水泵总成	10	拆卸错误每处扣2分		
3	水泵壳体检测	10	检测方法错误每项扣2分		
			检测结果错误扣2分		
4	水泵叶轮检测	10	检测方法错误每项扣2分		
			检测结果错误扣2分		
5	水泵轴承检测	10	检测方法错误每项扣2分		
			检测结果错误扣2分		
6	水泵密封检测	10	检测方法错误每项扣2分		
			检测结果错误扣2分		
7	水泵带轮检测	10	检测方法错误每项扣2分		
			检测结果错误扣2分		
8	装配水泵总成	10	装配错误每处扣2分		
9	遵守安全操作规程，工量具、零部件不落地，操作现场整洁	10	每项扣2分，扣完为止		
10	安全用电，防火，无人身、设备事故	10	因违规操作发生重大人身或设备事故，此题按0分计		
11	分数总计	100			

操作时间：30min　　　　日期：　　年　　月　　日

【评价反馈】

学习内容		学习时间	
任课教师		学生姓名	

自我评价		
1. 会正确拆卸水泵吗？	会□	不会□
2. 会正确使用工量具检查水泵吗？	会□	不会□
3. 会正确清洗水泵吗？	会□	不会□
4. 会正确更换水泵吗？	会□	不会□
5. 会对检查结果进行判断分析吗？	会□	不会□

（续）

6. 你认为自己还有哪些知识没有掌握？

7. 通过该项目的学习你认为还有哪些需要改进的地方？

小 组 评 价

1. 工作页完成情况。（　　）

A. 填写完整　　B. 缺失 0~20%　　C. 缺失 20% ~40%　　D. 缺失 40% 以上

2. 能否主动与组内成员积极沟通并协助其他成员共同完成学习任务？（　　）

A. 积极主动　　B. 不够主动　　C. 不愿协助

3. 能否主动参与工作现场的清洁和整理工作？（　　）

A. 积极主动参与 6S 工作　　B. 在组长的要求下参与 6S 工作

C. 在组长的要求下参与 6S 工作，但效果差　　D. 不愿参与 6S 工作

4. 总体印象评价。（　　）

A. 非常优秀　　B. 比较优秀　　C. 有待改进　　D. 急需改进

5. 其他建议：

小组长签名：　　年　　月　　日

教 师 评 价

教师签名：　　年　　月　　日

【知识巩固】

选择题：

1. 使冷却液在散热器和水套之间进行循环的水泵旋转部件叫做（　　）。

A. 叶轮　　B. 风扇　　C. 壳体　　D. 水封

2. 水泵泵体上溢水孔的作用是（　　）。

A. 减少水泵出水口工作压力

B. 减少水泵进水口工作压力

C. 及时排出向后渗漏的冷却液，保护水泵轴承

D. 便于检查水封工作情况

3. 冷却系统中提高冷却液沸点的装置是（　　）。

A. 水箱盖　　B. 散热器　　C. 水套　　D. 水泵

4. 冷却液流经散热器的循环流动称为（　　）。

A. 大循环　　B. 小循环　　C. 再循环　　D. 中循环

5. 若拆掉节温器，冷却液会（　　）。

A. 只有大循环　　B. 只有小循环

C. 大小循环同时进行　　D. 不进行循环

6. 发动机冷却系统中锈油物和水垢积存的后果是（　　）。

A. 发动机温升慢　　B. 热容量减少

C. 发动机过热　　D. 发动机怠述不稳

7. 采用自动补偿封闭式散热器结构的目的，是为了（　　）。

A. 降低冷却液损耗

B. 提高冷却液沸点

C. 防止冷却液温度过高蒸汽从蒸汽引入管喷出伤人

D. 加强散热

8. 为在容积相同的情况下获得较大散热面积，提高抗裂性能，散热器冷却管应选用（　　）。

A. 圆管　　B. 扁圆管　　C. 矩形管　　D. 三角形管

9. 发动机冷却液温度传感器为（　　）式。

A. 正温度系数热敏电阻式　　B. 负温度系数热敏电阻式

C. 临界温度系数热敏电阻式　　D. 滑动电阻式

10. 发动机的正常工作温度应在冷却液温度表上指示（　　）。

A. 30～40℃　　B. 60～70℃　　C. 80～90℃　　D. 低于100℃

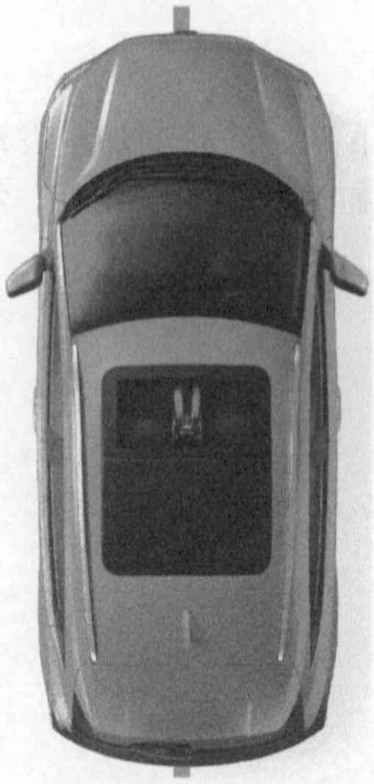

项目六

发动机技术参数检测

发动机是汽车各系统的动力源，汽车的动力性、燃料经济性和可靠性等性能指标都直接与发动机有关。发动机不仅结构复杂，而且运行时内部零部件要在高温、高压的苛刻条件下工作，加上转速和负荷经常变化，所以发动机的故障率比较高。

本项目的学习内容是对发动机主要技术参数进行检测，根据检测结果判断发动机技术状况的好坏，对有故障的部件进行维修或更换，以确保发动机性能良好。

本项目包括以下学习任务：

任务一　气缸压力检测

任务二　进气歧管真空度检测

任务三　机油压力检测

任务四　排气背压检测

任务五　汽车尾气排放检测

任务一 气缸压力检测

【任务描述】

一辆五菱宏光汽车，装备五菱 B12 发动机，出现动力性能下降、油耗增加、发动机起动后排气管冒蓝烟的现象，经汽车维修技师检查，初步判断为气缸磨损所致。现在，我们的工作任务是对发动机的气缸压力进行检查，判断是否为气缸磨损并作出处理。

【学习目标】

1. 了解气缸压力过高、过低的原因及对发动机性能的影响；
2. 了解气缸压力表的结构特点及使用方法；
3. 熟悉发动机气缸压力的检测方法；
4. 能正确地进行发动机气缸压力的检测；
5. 能利用检测结果分析气缸密封状况；
6. 会填写工作页，记录检测结果。

【学习重点】

1. 气缸压力表的使用方法；
2. 发动机气缸压力的检测方法及步骤。

【学习难点】

通过检测出的数据，分析判断发动机的故障原因。

【相关知识】

一、气缸压力对发动机性能的影响

气缸压力降低，会导致发动机动力性和经济性下降、汽车行驶无力、油耗增加、起动困难等。可能的原因有气缸、活塞环、活塞磨损过大或活塞环对口、卡死、断裂及缸壁拉伤等造成气缸不密封；也可能是进、排气门和气缸垫不密封造成的。

气缸压力过高，造成发动机工作粗暴，增加爆燃趋势，还会使发动机工作温度过高，噪声加大。可能的原因有燃烧室积炭过多，气缸垫过薄，缸体和缸盖接合面修理过甚等。

二、气缸压力的检测

1. 认识气缸压力表

气缸压力表是检测气缸压缩压力的一种专用仪表，它一般由压力表头、单向阀、导管和接头等组成，如图 6-1 所示。气缸压力表的接头有两种：一种为锥形的橡胶接头，可以压紧在火花塞孔上；另一种为螺纹管接头，可以拧紧在火花塞孔内。接头通过导管与压力表头相连通。导管也有两种：一种为金属硬导管，适用于橡胶接头；另一种为软导管适用于螺纹管接头。气缸压力表还装有能通大气的单向阀。当单向阀处于关闭位置时，可保持压力表指针位置以便于读数。当按下单向阀按钮使其处于开启位置时，可使压力表指针回零。

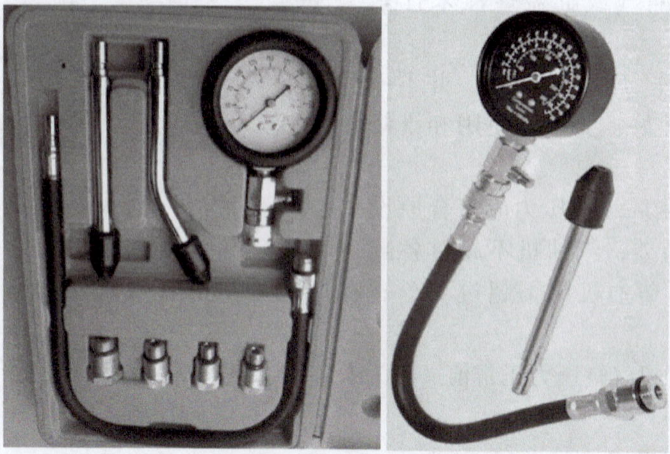

图 6-1 气缸压力表

2. 气缸压力检测

（1）检测步骤

1）发动机应运转至正常的工作温度。

2）拆除全部火花塞，以减少曲轴转动阻力。

3）拔下点火线圈插头，拔下燃油泵保险或所有喷油器插头。

4）把节气门置于全开位置，以减少空气阻力。

5）把气缸压力表的锥形橡胶接头压紧在被测的火花塞孔上，或将螺纹管接头拧紧在火花塞孔内。

6）用起动机带动曲轴旋转 3～5s，汽油发动机转速应大于 150r/min，待指针稳定后读取读数，然后按下单向阀使指针回零，如图 6-2 所示。

7）按上述方法依次检测各个气缸，每个气缸的测量次数应不少于两次，测量结果应取平均值。

8）对个别指示值偏低的气缸，可从火花塞座孔向气缸内注入润滑油 10～15mL，用起动机驱动发动机运转 3～5s 后，重新测试该缸的气缸压力，进一步判断气缸密封状况。

（2）检测结果诊断与分析

1）当气缸压缩压力的检测值超过或低于标准值，均说明发动机技术状况不良，存在故障。

2）当气缸压缩压力的检测值低于标准值时，可向火花塞或喷油器孔注入适量润滑油后，再次检测气缸压缩压力，并比较两次检测结果。

3）若第二次检测结果比第一次高，并接近标准值，则表明气缸密封性不良是由气缸、活塞环、活塞磨损过大或活塞环对口、卡死、断裂及缸壁拉伤等原因引起的；若第二次检测结果与第一次近似，则表明气缸密封性不良是由进、排气门或气缸衬垫不密封引起的；若两次检测结果均表明相邻两缸压缩压力低，则故障可能是由两缸相邻处的气缸衬套漏气或缸盖螺栓未拧紧所致。

4）气缸压缩压力高于标准值，并不一定表明气缸密封性好，要结合使用和维修情况进行分析。

图 6-2 气缸压力检测

(3) 技术标准 气缸压力应符合原设计规定，各缸压力差，汽油机不超过各缸平均压力的 8%，柴油机应不超过 10%；在用发动机的各气缸压力应不低于原设计值的 85%。

五菱 B12 发动机气缸压力正常值一般为 1.3 ~ 1.5MPa，任意两个缸之间的压力差不大于 98kPa。

(4) 检测注意事项

1）蓄电池的充电状态及起动机的技术状况良好。

2）发动机的冷却液温度应在规定的范围内。

3）发动机的润滑条件良好。

4）测量每缸压力时，压缩行程应不少于 4 次。

5）测试时，应注意远离发动机的外部运转零件以及灼热的部位，以免造成人身伤害。

6）在拆装发动机火花塞时，应注意防止异物进入发动机内部，造成发动机的损坏。

【信息收集】

一、通过感受任务描述中的情景，把感受到的现象用几个关键词写出来。

二、明确工作任务，收集信息。

1. 我们的学习任务是什么？气缸压力过低对发动机性能有什么影响？

(1) 学习任务：

（2）气缸压力过低对发动机性能的影响：

2. 为顺利完成本学习任务，请按要求完成下列信息的收集。

（1）查阅维修手册，该发动机的型号是______________，压缩比是______________，排量是______________。

（2）测量气缸压力所用到的工量具有______________和______________。

（3）五菱 B12 发动机气缸压力正常值一般为______________，任意两个缸之间的压力差不大于______________。

3. 写出气缸压力的检测方法。

【制订计划】

一、制订气缸压力的检测计划。

1. 列出检测所需要的工量具。

2. 写出检测流程。

3. 写出检测过程中的注意事项。

4. 查阅教材或维修手册，找到技术标准并记录。

二、请在下表中选择在检测中可能用到的工量具（在对应的选项中打√即可）。

工量具名称	选　择	
螺钉旋具	□可能	□不可能
火花塞拆卸工具	□可能	□不可能
气缸压力表	□可能	□不可能
游标卡尺	□可能	□不可能
量缸表	□可能	□不可能
钢丝钳	□可能	□不可能
其他（请填写具体名称）		

三、要完成本工作任务，你认为下表中哪些注意事项是必须要遵守的？请在相应的位置打√。

注意事项	选　择	
工量具整齐摆放不搁地	□是	□否
零件不落地，工量具轻拿轻放	□是	□否
工量具使用前要清洁，使用后要保养	□是	□否
气缸压力表归零	□是	□否
拆装火花塞时，防止异物进入发动机内部	□是	□否
测试时喷油器及点火系统应停止工作	□是	□否
及时记录测量数据	□是	□否
维修工作完成后需要进行工作现场“6S”管理	□是	□否
其他		

四、任务分工。

根据各成员所承担的角色，进行任务分工，填写表6-1。

表6-1　任务分工表

序　号	组　长	记录员	操作员	备　注

【实施计划】

一、请结合本小组制订的检测计划，完成气缸压力的检测并完成表6-2的填写。

表 6-2　气缸压力检测作业表

检测次数	第 1 次	第 2 次	第 3 次	平均值	缸压差	加润滑油重新检测
1 缸检测值						
2 缸检测值						
3 缸检测值						
4 缸检测值						

二、查阅维修手册，根据上述的所有检测结果，判断所检测的气缸压力是否符合技术要求。如果不符合，请给出维修意见。

三、如果某缸压缩压力检测值较低，在火花塞孔处加入少量润滑油后重新检测该缸压缩压力：

1. 如果该缸压缩压力明显升高，分析该缸存在什么问题？

2. 如果该缸压缩压力基本不变，分析该缸存在什么问题？

3. 如果该缸和相邻气缸压力检测值都较低，分析该缸和相邻气缸存在什么问题？

【检查与考评】

记录员根据操作员的工作过程评分，具体评分细则见表 6-3。

表 6-3　气缸压力检测评分标准

序号	作业项目	考核内容	配分	评分标准	扣分	得分
1	前期操作	尾气抽排安装	2	未安装扣 2 分 未安装到位扣 1 分		
		发动机舱机油液位检查	2	检查不到位扣 1 分 做错或未做扣 2 分		
		冷却液液位检查	2			
		蓄电池电压检查	2			
		发动机预热、仪表指示检查是否正常	2			
		检查气缸压力表、安装气缸压力表	2	表未检查扣 1 分		

（续）

序号	作业项目	考核内容		配分	评分标准	扣分	得分
2	检测操作情况	清洁4个火花塞		2	不到位扣1分，未做扣2分		
		断开点火线圈插接器		2			
		拆下4个火花塞		4			
		断开4个喷油器插接器		4			
		检查气缸压缩压力	起动发动机	2			
			将压力表插入火花塞孔	2			
			节气门全开	2			
			发动机运转时测量压缩压力	10	不到位扣5分		
		读取数据并记录、计算		16	数据不正确每项扣2分，不记录扣6分		
		连接4个喷油器插接器		4	不到位扣1分		
		安装4个火花塞		12	安装前火花塞的检查4分，安装方法每缸1分，查阅资料2分，拧紧力矩值2分		
		连接点火线圈插接器		4	不到位扣1分，未做扣4分		
		起动发动机检查是否正常		4			
3	检测结果的判断及处理意见	1. 判断气缸压力是否符合技术要求		5	判断不正确扣5分		
		2. 如气缸压力不符合技术要求，分析可能的原因		5	分析原因不正确扣5分		
4	安全、文明操作	1. 工装整洁		5	工装不整洁扣2分，不穿工作服扣5分		
		2. 操作完毕，清洁和整理工量具，清洁场地		5	每项扣1分，扣完为止		
5	分数合计			100			

操作时间：30min　　　　日期：　　年　　月　　日

【评价反馈】

学习内容		学习时间	
任课教师		学生姓名	

自我评价		
1. 会正确组装气缸压力表吗？	会□	不会□
2. 会正确使用气缸压力表测量气缸压力吗？	会□	不会□
3. 会正确读取气缸压力表上的读数吗？	会□	不会□
4. 会对测量结果进行判断分析吗？	会□	不会□

（续）

5. 你认为自己还有哪些知识没有掌握？

6. 通过该项目的学习你认为还有哪些需要改进的地方？

小组评价

1. 工作页完成情况。（　　）
A. 填写完整　B. 缺失 0 ~ 20%　C. 缺失 20% ~ 40%　D. 缺失 40% 以上

2. 能否主动与组内成员积极沟通并协助其他成员共同完成学习任务？（　　）
A. 积极主动　B. 不够主动　C. 不愿协助

3. 能否主动参与工作现场的清洁和整理工作？（　　）
A. 积极主动参与 6S 工作　B. 在组长的要求下参与 6S 工作
C. 在组长的要求下参与 6S 工作，但效果差　D. 不愿参与 6S 工作

4. 总体印象评价。（　　）
A. 非常优秀　B. 比较优秀　C. 有待改进　D. 急需改进

5. 其他建议：

小组长签名：　　年　　月　　日

教师评价

教师签名：　　年　　月　　日

【知识巩固】

选择题：

1. 在用发动机各气缸压力应不小于原设计值的（　　）。
A. 70%　B. 75%　C. 80%　D. 85%

2. 若原来气缸测得压力较低，由火花塞孔向气缸注入少量润滑油后，若压力无变化说

明（　　）；若压力升高说明（　　）。

A. 气缸活塞磨损过大　　B. 气缸不密封

C. 气缸漏气　　D. 气缸无故障

3. 用气缸压力表检测气缸压缩压力时节气门置于（　　）位置。

A. 全闭　　B. 半开　　C. 全开　　D. ⅓开度

4. 用气缸压力表检测气缸压缩压力时，应用（　　）转动曲轴 3 ~ 5s（不少于四个压缩行程），待压力表头指针指示并保持最大压力后停止转动。

A. 手摇柄　　B. 起动机　　C. 其他车辆拖动　　D. 人工推动

5. 用气缸压力表检测气缸压缩压力时，测得压力如高于原设计规定，可能的原因是（　　）。

A. 燃烧室内积炭过多　　B. 气缸磨损过大

C. 气门关闭不严　　D. 以上都不是

6. 用气缸压力表检测气缸压缩压力时，两次检测结果均表明某相邻两缸压力都相当低，说明是（　　）窜气。

A. 两缸相邻处的气缸衬垫烧损　　B. 某缸进气门关闭不严

C. 某缸气缸磨损过大　　D. 以上都不是

7. 以下能用来表征发动机气缸密封性的诊断参数之一的是（　　）。

A. 气门间隙　　B. 气缸压力　　C. 点火提前角　　D. 进气温度

8. 发动机气缸密封性不良将导致（　　）。

A. 发动机功率不变，燃油消耗率增加　　B. 发动机功率下降，燃油消耗率不变

C. 发动机功率下降，燃油消耗率增加　　D. 发动机功率不变，燃油消耗率减少

9. 对发动机气缸密封性进行检测前，应该把被测发动机预热到正常的工作温度状态，就水冷式汽油机而言，其出水水温应该达到（　　）。

A. 50 ~ 60℃　　B. 60 ~ 70℃　　C. 70 ~ 80℃　　D. 80 ~ 90℃

10. 在用汽车发动机气缸压力应不少于原设计标准的 85%，每缸压力与各缸平均压力差，柴油车不大于（　　）。

A. 15%　　B. 25%　　C. 8%　　D. 10%

任务二
进气歧管真空度检测

【任务描述】

一辆五菱宏光汽车，装备五菱 B12 发动机，出现发动机怠速过高的现象。经汽车维修技师检查，排除了节气门位置传感器和怠速控制阀的故障，怀疑是进气歧管有漏气的地方。现在，我们的工作任务是使用真空表对进气歧管的真空度进行检测，找出故障原因并排除故障。

【学习目标】

1. 了解进气歧管真空度失常对发动机性能的影响；
2. 了解真空表的结构特点及使用方法；
3. 熟悉进气歧管真空度的检测方法；
4. 能正确进行进气歧管真空度的检测；
5. 能根据检测结果分析发动机的故障成因；
6. 会填写工作页，记录检测结果。

【学习重点】

1. 真空表的使用方法；
2. 进气歧管真空度的检测内容及方法。

【学习难点】

通过检测出的数据，分析判断发动机的故障成因。

【相关知识】

一、进气歧管真空度概述

发动机进气歧管真空度（又称负压）是进气管内气压与大气压力差的绝对值，是汽车发动机各气缸交替进气时对进气管形成的负压值总和。真空度反映的是发动机工作时进气歧管的吸力，真空度越大，则进气歧管的吸力越大，说明进气歧管压力与大气压力之间的差值越大。

发动机进气歧管真空度的大小及其稳定性与工作气缸的数量、发动机转速的大小成正比，与节气门的开度成反比，同时也随着进气系统密封性的变差而减小。

进气歧管真空度是发动机的一个综合性技术指标，被称为发动机性能的“晴雨表”。若进气歧管的真空度符合标准，不仅表明气缸的密封性能良好，而且表明点火性能、配气相位及空燃比（A/F）也基本符合要求。因此，通过检测进气歧管的真空度可以不解体诊断发动机的多种故障。

二、影响进气歧管真空度的因素

1. 节气门开度

节气门开度越小，进气时活塞形成的抽吸作用越大，进气歧管吸力越大，真空度越大。

2. 发动机转速

发动机转速越高，进气时活塞形成的抽吸作用越大，进气歧管吸力越大，真空度越大。

3. 密封性能

进气歧管和气缸的密封性能越好，进气歧管吸力越大，真空度越大。

三、进气歧管真空度失常对发动机性能的影响

进气歧管真空度失常会导致发动机运转无力、起动困难、怠速不稳以及增加尾气中污染物的排放。

1. 运转无力

若怠速时进气歧管的真空度很低，说明有空气从旁路进入了进气管，由于这部分空气没有经过空气流量传感器的计量或未经节气门控制，空气流量传感器的测量值必然低于实际进气量，而电控单元（ECU）是根据空气流量传感器等信号决定基本喷油量的，这样就导致喷油量偏少，由于“油少气多”，即可燃混合气过稀，导致发动机运转无力。

2. 起动困难

进气歧管真空度失常会导致空气量过多，造成可燃混合气太稀，导致发动机起动困难。

3. 怠速不稳

若进气管漏气，进气量与节气门的开度将不遵循原来的函数关系。空气流量传感器无法测出真实的进气量，造成 ECU 对进气量的控制不准确，导致发动机怠速不稳定。

4. 增加尾气中污染物的排放

进气歧管真空度降低，意味着发动机的负荷和燃烧室温度增加，从而提高每个循环中废气的温度，因而导致尾气中的 NO_x 含量增加。

四、进气歧管真空度的检测

1. 真空表

进气歧管的真空度用真空表来进行测量，真空表是以大气压力为基准，测量小于大气压力的仪表。真空表是由测量系统（包括接头、弹簧管、齿轮传动机构）、指示部分（包括指针、度盘）、表壳部分组成，如图 6-3 所示。

图 6-3　真空表

2. 检测方法

检测前应将发动机预热至正常工作温度，把真空表接于节气门的后方，起动发动机，在正常的状态下进行怠速运转，即可从真空表中获取其真空数值，如图 6-4 所示。

如果随意改变节气门的开度（急加速或急减速）就会获取真空度的变化值，根据这些数值的变化，就可分析和判断发动机存在的故障。

3. 检测内容

(1) 怠速测试　在发动机正常工作时，在怠速条件下，用真空表测量其值应为 50 ~ 70kPa。若测量值不在此范围，要根据不同情况，加以分析，以判断故障所在。

图 6-4　进气歧管真空度检测

1）如果怠速测试时的真空表读数不正常，则应进行以下检查：

① 检查初始点火正时；②检查配气正时；③检查气缸压力；④检查曲轴箱强制通风控制阀。

2）如果怠速测试时的真空表指针有规律地下跌 6 ~ 9kPa，则应进行以下检查：

① 查出不工作的火花塞；②查出烧坏的气门（压力测试）；③查出烧坏的活塞（压力测试）。

3）如果发现真空表读数值不规则地下降到 10 ~ 27kPa 时，则应进行以下检查：

① 检查火花塞；②查找卡滞的气门；③查找卡滞的气门挺杆或液压挺杆。

4）如果怠速时真空表指针很快地在 47 ~ 61kPa 之间摆动则说明：进气门挺杆与导管磨损、配合松旷。如果真空表指针在 34 ~ 76kPa 之间缓慢摆动，并且随着发动机转速的升高摆动加剧，则说明气门弹簧弹力不足。

5）如果怠速时真空表指针在 18 ~ 65kPa 之间大幅度摆动，则是由气缸衬垫漏气所引起的。

6）如果发动机怠速过高，测试歧管真空度小于 40kPa，说明是发动机的节气门之后的歧管或总管漏气，漏气部位多数是歧管垫以及与歧管相连接的管线，如真空助力器气管等。

7）如果发动机起动困难，保证不了稳定怠速运转，测试发动机的真空度在 50kPa 以上。说明发动机的进气管路没有问题，故障在于电控系统造成的点火不良或喷油不良，例如点火线圈故障等。

(2) 急加速测试　在发动机急加速时进行测试，也可显示活塞漏气的程度。急加速时，真空表的读数应突然下降；急减速时，真空表指针将在原怠速时的位置向前大幅度跳越，即当迅速开启和关闭节气门时，真空表指针应随之在 7 ~ 84kPa 之间摆动。

1）如果活塞漏气严重，真空表指针的摆动幅度将不太明显。真空表指针摆动幅度越宽，表明发动机技术状况越好。

2）如果怠速时真空表指针低于正常值，急加速时指针回落到“0”附近，节气门突然关闭时指针也不能升高到 84kPa 左右。此现象主要是由于活塞环、进气管衬垫漏气造成的。

(3) 排气系统阻塞测试　在发动机转速为 1000r/min 的条件下进行此项测试工作，仔细观察真空表读数，如果读数明显地下降，则表明排气系统存在阻塞现象。

4. 测试真空度时应注意的事项

1）发动机怠速运转时，若气门存在卡滞，则真空表指针将以不规则的间隔退回。

2）气门间隙都偏小，则真空表读数将会偏低，大致在 44～47kPa 之间，且指针来回摆动，若只有一个气门间隙调整值偏小，则真空表指针在该气缸每次点火时会规则地下降。

3）当可燃混合气过浓时，真空表指针会来回摆动，伴随排气管冒黑烟甚至放炮。

4）进气管真空度随海拔升高而降低。海拔每升高 1000m，真空度将减少 10kPa 左右。

【信息收集】

一、通过感受任务描述中的情景，把感受到的现象用几个关键词写出来。

二、明确工作任务，收集信息。

1. 我们的学习任务是什么？进气歧管真空度失常对发动机性能有什么影响？

（1）学习任务：

（2）进气歧管真空度失常对发动机性能的影响：

2. 为顺利完成本学习任务，请按要求完成下列信息的收集。

（1）查阅维修手册，该发动机的型号是______________，排量是______________。

（2）测量进气歧管真空度所用到的工量具有________________________。

（3）发动机怠速运转，真空度应稳定在______________ kPa 之间。当迅速开启并关闭节气门时，真空表指针应随之在______________ kPa 之间摆动。

3. 写出进气歧管真空度的检测方法。

【制订计划】

一、制订进气歧管真空度的检测计划。

1. 列出检测所需要的工量具。

2. 写出检测流程。

3. 写出检测过程中的注意事项。

4. 查阅教材或维修手册，找到技术标准并记录。

二、请在下表中选择在检测中可能用到的工量具（在对应的选项中打√即可）。

工量具名称	选　择	
螺钉旋具	□可能	□不可能
火花塞拆卸工具	□可能	□不可能
真空表	□可能	□不可能
游标卡尺	□可能	□不可能
量缸表	□可能	□不可能
钢丝钳	□可能	□不可能
其他（请填写具体名称）		

三、要完成本工作任务，你认为下表中哪些注意事项是必须要遵守的？请在相应的位置打√。

注意事项	选　择	
工量具整齐摆放不搁地	□是	□否
零件不落地，工量具轻拿轻放	□是	□否
工量具使用前要清洁，使用后要保养	□是	□否
检查真空表	□是	□否
检查发动机机油液位	□是	□否
检查发动机冷却液液位	□是	□否
及时记录测量数据	□是	□否
维修工作完成后需要进行工作现场“6S”管理	□是	□否
其他		

四、任务分工。

根据各成员所承担的角色，进行任务分工，并填写表6-4。

表6-4　任务分工表

序　号	组　长	记 录 员	操 作 员	备　注

【实施计划】

一、请结合本小组制订的检测计划，完成进气歧管真空度的检测并完成表6-5的填写。

表6-5　进气歧管真空度检测作业表

发动机型号	
发动机怠速转速	
发动机正常怠速真空度值	
发动机正常时迅速开启并立即关闭节气门时真空度值范围	
进气管漏气怠速时，真空度值	
排气管堵塞怠速时，真空度值	
单缸断火怠速时，真空度值	

二、查阅维修手册，根据上述的所有检测结果，判断所检测的进气歧管真空度是否符合技术要求。如果不符合，请给出维修意见。

【检查与考评】

记录员根据操作员的工作过程评分，具体评分细则见表6-6。

表6-6　进气歧管真空度检测评分标准

序号	作业项目	考核内容	配分	评分标准	扣分	得分
1	前期操作	尾气抽排安装	1	未安装扣1分		
		发动机舱机油液位检查	2	检查不到位扣1分		
		冷却液液位检查	2	做错或未做扣2分		
		检查、安装真空表	5	表未检查扣2分 表安装位置错误扣5分		
2	真空度检测	发动机正常怠速真空度检测	20	检查方法错误扣10分 检查结果错误扣10分		
		迅速开启和关闭节气门时真空度检测	20			
		排气管堵塞时真空度检测	20			
3	检测结果的判断及处理意见	判断进气歧管真空度是否符合技术要求	10	判断不正确扣5分		
		如进气歧管真空度不符合技术要求，分析可能的原因	10	分析原因不正确扣5分		
4	安全、文明操作	工装整洁	5	工装不整洁扣2分，不穿工作服扣5分		
		操作完毕，清洁和整理工量具，清洁场地	5	每项扣1分，扣完为止		
5	分数合计		100			

操作时间：30min　　　　日期：　　年　　月　　日

【评价反馈】

学习内容		学习时间	
任课教师		学生姓名	

自我评价		
1. 会正确安装真空表吗？	会□	不会□
2. 会正确使用真空表测量进气歧管真空度吗？	会□	不会□
3. 会正确读取真空表上的读数吗？	会□	不会□
4. 会对测量结果进行判断分析吗？	会□	不会□

5. 你认为自己还有哪些知识没有掌握？

6. 通过该项目的学习你认为还有哪些需要改进的地方？

小组评价

1. 工作页完成情况。（　　）

A. 填写完整　B. 缺失 0～20%　C. 缺失 20%～40%　D. 缺失 40% 以上

2. 能否主动与组内成员积极沟通并协助其他成员共同完成学习任务？（　　）

A. 积极主动　B. 不够主动　C. 不愿协助

3. 能否主动参与工作现场的清洁和整理工作？（　　）

A. 积极主动参与 6S 工作　B. 在组长的要求下参与 6S 工作

C. 在组长的要求下参与 6S 工作，但效果差　D. 不愿参与 6S 工作

4. 总体印象评价。（　　）

A. 非常优秀　B. 比较优秀　C. 有待改进　D. 急需改进

5. 其他建议：

小组长签名：　　　年　　月　　日

教师评价

教师签名：　　　年　　月　　日

【知识巩固】

选择题：

1. 进气管负压用（　　）检测，无须拆任何机件，而且快速简便，应用极广。

A. 气缸压力表　　B. 真空表　　C. 万用表　　D. 气压表

2. 进气管负压随海拔升高而（　　）。

A. 增高　　B. 降低　　C. 不变　　D. 都不对

3. 进气管负压检测时，应对检测结果进行修正，一般海拔每升高 1000m，负压将（　　）。

A. 增加 10kPa　　B. 减少 10kPa　　C. 增加 5kPa　　D. 减少 5kPa

4. 检测发动机进气管真空度时，应将真空表连接在（　　）。

A. 空气滤清器上　　B. 节气门前方　　C. 节气门后方　　D. 气缸上

5. 在海平面高度，发动机怠速运转时，进气管真空度在 30 ~63kPa 间大幅波动，可诊断为（　　）。

A. 气缸衬垫窜气　　B. 点火过迟

C. 火花塞电极间隙大　　D. 气门与气门座不密封

6. 在发动机正常工作时，在怠速条件下，用真空表测量进气歧管真空度应为（　　）。

A. 20 ~ 30kPa　　B. 30 ~ 40kPa　　C. 50 ~ 70kPa　　D. 100kPa

7. 当迅速开启和关闭节气门时，进气歧管真空度应在（　　）之间。

A. 20 ~ 30kPa　　B. 30 ~ 40kPa　　C. 50 ~ 60kPa　　D. 7 ~ 84kPa

8. 检测进气歧管真空度，大多数是在发动机（　　）运转条件下进行测量。

A. 怠速　　B. 中速　　C. 高速　　D. 失速

9. 进气歧管内的真空度在同一转速下是随（　　）。

A. 节气门开度减小而增高　　B. 汽油与空气混合比而增高

C. 发动机排气量而增高　　D. 节气门开度增大而增高

10. 当汽车爬坡时，发动机进气歧管内的真空度（　　）。

A. 升高　　B. 保持不变　　C. 降低　　D. 以上都不正确

任务三
机油压力检测

【任务描述】

一辆五菱宏光汽车，装备五菱 B12 发动机，发动机正常温度和转速时，仪表板上的机油压力警告灯点亮，怀疑润滑系统有故障。现在，我们的工作任务是使用机油压力表对润滑系统机油压力进行检测，找出故障原因并排除故障。

【学习目标】

1. 了解润滑系统的组成及作用；
2. 了解机油压力过低、过高的危害及原因；
3. 熟悉机油压力的检测方法；
4. 能正确使用机油压力表对润滑系统的压力进行检测；
5. 能查阅维修手册，根据检测结果分析润滑系统的故障成因；
6. 会填写工作页，记录检测结果。

【学习重点】

1. 机油压力表的使用方法；
2. 机油压力的检测内容及方法。

【学习难点】

通过检测出的数据，分析判断润滑系统的故障成因。

【相关知识】

一、润滑系统的作用及组成

1. 润滑系统的作用

润滑系统具有润滑、清洗、冷却、密封和防锈蚀等作用。

（1）润滑作用　润滑运动零件表面，减少摩擦阻力和磨损，减少发动机的功率消耗。

（2）清洗作用　机油在润滑系统内不断循环，清洗摩擦表面，带走磨屑和其他异物。

（3）冷却作用　机油在润滑系统内不断循环带走摩擦产生的热量，起冷却作用。

（4）密封作用　在运动零件之间形成油膜，提高它们的密封性，有利于防止漏气或漏油。

（5）防锈蚀作用　在零件表面形成油膜，对零件表面起保护作用，防止腐蚀生锈。

（6）液压作用　机油还可用作液压油，如液压挺柱，起液压作用。

（7）减振缓冲作用　在运动零件表面形成油膜，吸收冲击并减少振动，起减振缓冲作用。

2. 润滑系统的组成

润滑系统由机油泵、机油滤清器、机油冷却器、油底壳和集滤器等组成。

（1）机油泵　其功用是保证机油在润滑系统内循环流动，并在发动机任何转速下都能以足够高的压力向润滑部位输送足够量的机油。

（2）机油滤清器　它用来滤除润滑油中的金属磨屑、机械杂质和机油氧化物。若这些杂质随同机油进入润滑系统，将加剧发动机零件的磨损，还可能堵塞油管或油道。

（3）机油冷却器　在热负荷较高的发动机上装备机油冷却器，用来降低机油的温度。机油在循环过程中，由于吸热而温度升高。若机油温度过高，则其黏度下降，不利于在摩擦表面形成油膜。此外，还会加速机油老化变质，缩短机油使用时间。

（4）油底壳　它是存储润滑油的容器。

（5）集滤器　它是用金属丝编织的滤网，是润滑系统的进口，用来滤除机油中粗大的杂质，防止其进入机油泵。

除此之外，还包括压力表，压力开关、温度表等。

3. 润滑系统的常见故障

润滑系统的常见故障有机油变质、机油压力低、机油压力高以及机油消耗异常等。

（1）机油变质　机油颜色变黑，含水分的机油呈乳浊状且有泡沫。

（2）机油压力低　发动机在正常温度和转速下运转时，仪表盘上机油压力警告灯闪烁且蜂鸣器响。

（3）机油压力高

1）接通点火开关，机油压力表立即产生压力指示。

2）发动机在正常温度和转速运转，机油压力表读数高于规定值。

3）发动机在运转过程中，机油压力突然升高。

4）检查机油压力超过 0.4MPa；机油警报灯闪亮且蜂鸣器响。

（4）机油消耗异常　机油平均消耗量超过 0.1～0.5ml/100km。

4. 机油压力低的危害及原因

（1）发动机机油压力低的危害　发动机机油压力低，可能导致润滑不良、增加气缸磨损、气缸压力减小、动力性下降等；还可能导致活塞、曲轴，轴瓦以及配气机构等发动机零部件的早期损伤；或发动机轴瓦严重烧蚀、抱死，以致发动机不能正常运转。

（2）发动机机油压力过低的原因

1）发动机机油存储量过少，造成机油压力低。

2）机油脏污、黏稠，导致机油泵不能将机油吸入、泵出，造成机油压力低或无压力。

3）机油变稀，从发动机的各摩擦副间隙中泄漏，造成机油压力低。

4）机油油管漏油、机油泵损坏或其零部件磨损超标，如曲轴与轴瓦之间的间隙超标，限压阀、泄压阀弹簧过软或钢珠损伤造成阀的功能消失，导致机油的吸入、泵出量减少，使机油压力低或无压力。

5）机油感应塞、压力表或电路故障导致机油压力低。

5. 机油压力高的危害及原因

（1）发动机机油压力高的危害

1）会加剧机油泵的早期磨损，并且机油管路及各密封处容易泄漏。

2）增加了机油的消耗，造成浪费，机油燃烧过多、燃烧室积炭过多、散热功能降低等。

3）最终造成发动机动力不足。

（2）发动机机油压力过高的原因

1）机油黏度过大。

2）限压阀调整不当或卡滞。

3）通往各摩擦表面的分油道内堵塞。

4）曲轴主轴承、连杆轴承或凸轮轴轴承间隙过小。

5）机油压力表或传感器工作不良。

6）机油粗滤器芯堵塞且旁通阀开启困难。

6. 机油压力的检测

（1）机油压力表　机油压力表（图 6-5）主要用来测量发动机润滑系统运行时主油道机油的压力，主要由表头、导管和螺纹接头组成。

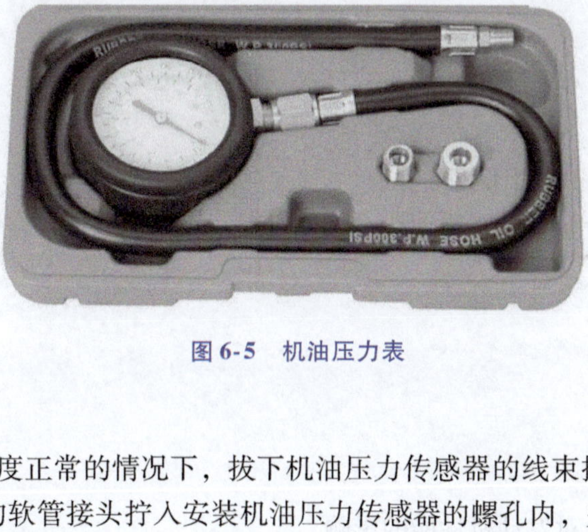

图 6-5　机油压力表

（2）检测方法

1）在机油液面高度正常的情况下，拔下机油压力传感器的线束插头，拆下机油压力传感器。将机油压力表的软管接头拧入安装机油压力传感器的螺孔内，并拧紧接头。

2）将机油压力表放置在不会接触到发动机旋转部件及高温部件的地方。

3）起动发动机，检查机油压力表接头处有无漏油，如有漏油，应熄火后重新拧紧接头。

4）运转发动机使之达到正常的工作温度，分别在怠速和 2000r/min 时检查油压表的读数，如图 6-6 所示，并与标准压力值进行比较。

5）测量完毕，拆下机油压力表，装上机油压力传感器并按规定力矩拧紧，接上线束插头，起动发动机，确认机油压力传感器没有漏油。

（3）技术标准　各种车型发动机的机油压力标准都不完全相同，一般在怠速时机油压力应大于 0.05MPa，在 2000r/min 时，应大于 0.2MPa。五菱 B12 发动机在冷却液温度升至 80 ~ 85 ℃ 时，把发动机转速提高至 4000r/min，机油压力应不低于 0.23MPa。

图 6-6　机油压力的检测

【信息收集】

一、通过感受任务描述中的情景，把感受到的现象用几个关键词写出来。

二、明确工作任务，收集信息。

1. 我们的学习任务是什么？机油压力过低对发动机性能有什么影响？

（1）学习任务：

（2）机油压力过低对发动机性能的影响。

2. 为顺利完成本学习任务，请按要求完成信息的收集。

（1）查阅维修手册，该发动机的型号是________________，排量是________________。

（2）测量机油压力所用到的工量具有____________________________。

（3）发动机怠速运转时，机油压力应不低于________________ kPa，转速为 2000r/min 时机油压力值应不低于________________ kPa。

（4）机油压力传感器的紧固力矩为________________ N · m。

3. 写出机油压力的检测方法。

【制订计划】

一、制订机油压力的检测计划

1. 列出检测所需要的工量具。

2. 写出检测流程。

3. 写出检测过程中的注意事项。

4. 查阅教材或维修手册，找到技术标准并记录。

二、请在下表中选择在检测中可能用到的工量具（在对应的选项中打√即可）。

工量具名称	选　择	
螺钉旋具	□可能	□不可能
梅花扳手	□可能	□不可能
呆扳手	□可能	□不可能
机油压力表	□可能	□不可能
钢丝钳	□可能	□不可能
其他（请填写具体名称）		

三、要完成本工作任务，你认为下表中哪些注意事项是必须要遵守的？请在相应的位置打√。

注意事项	选择	
工量具整齐摆放不搁地	□是	□否
零件不落地，工量具轻拿轻放	□是	□否
工量具使用前要清洁，使用后要保养	□是	□否
检查机油压力表	□是	□否
检查发动机机油液位	□是	□否
检查发动机冷却液液位	□是	□否
及时记录测量数据	□是	□否
维修工作完成后需要进行工作现场“6S”管理	□是	□否
其他		

四、任务分工

根据各成员所承担的角色，进行任务分工，并填写表6-7。

表6-7　任务分工表

序号	组长	记录员	操作员	备注

【实施计划】

一、请结合本小组制订的检测计划，完成机油压力的检测并完成表6-8的填写。

表6-8　机油压力检测作业表

发动机型号	
发动机怠速转速	
怠速时机油压力值	
转速为2000r/min时的机油压力值	
转速为3000r/min时的机油压力值	

二、查阅维修手册，根据上述的所有检测结果，判断所检测的机油压力值是否符合技术要求。如果不符合，请给出修理意见。

【检查与考评】

记录员根据操作员的工作过程评分，具体评分细则见表 6-9。

表 6-9　机油压力检测评分标准

序号	作业项目	考核内容	配分	评分标准	扣分	得分
1	前期操作	尾气抽排安装	1	未安装扣 1 分		
		发动机舱机油液位检查	2	检查不到位扣 1 分 做错或未做扣 2 分		
		冷却液液位检查	2			
		检查机油压力表	5	表未检查扣 2 分 表安装位置错误扣 5 分		
2	机油压力检测	怠速时机油压力检测	20	检查方法错误扣 10 分 检查结果错误每次扣 10 分		
		转速为 2000r/min 时机油压力检测	20			
		转速为 3000r/min 时机油压力检测	20			
3	检测结果的判断及处理意见	判断机油压力值是否符合技术要求	10	判断不正确扣 5 分		
		如机油压力值不符合技术要求，分析可能的原因	10	分析原因不正确扣 5 分		
4	安全、文明操作	工装整洁	5	工装不整洁扣 2 分，不穿工作服扣 5 分		
		操作完毕，清洁和整理工量具，清洁场地	5	每项扣 1 分，扣完为止		
5	分数合计		100			

操作时间：30min　　　　　　　　　　日期：　　年　　月　　日

【评价反馈】

学习内容		学习时间	
任课教师		学生姓名	

自我评价		
1. 会正确安装机油压力表吗?	会□	不会□
2. 会正确使用压力表测量机油压力吗?	会□	不会□
3. 会正确读取机油压力表上的读数吗?	会□	不会□
4. 会对测量结果进行判断分析吗?	会□	不会□

5. 你认为自己还有哪些知识没有掌握?

6. 通过该项目的学习你认为还有哪些需要改进的地方?

（续）

小组评价
1. 工作页完成情况。（　　） A. 填写完整　B. 缺失 0～20%　C. 缺失 20%～40%　D. 缺失 40% 以上
2. 能否主动与组内成员积极沟通并协助其他成员共同完成学习任务？（　　） A. 积极主动　B. 不够主动　C. 不愿协助
3. 能否主动参与工作现场的清洁和整理工作？（　　） A. 积极主动参与 6S 工作　B. 在组长的要求下参与 6S 工作 C. 在组长的要求下参与 6S 工作，但效果差　D. 不愿参与 6S 工作
4. 总体印象评价。（　　） A. 非常优秀　B. 比较优秀　C. 有待改进　D. 急需改进
5. 其他建议： 小组长签名：　　年　　月　　日
教师评价
 教师签名：　　年　　月　　日

【知识巩固】

选择题：

1. 机油压力表的作用是显示（　　）。

A. 机油温度　B. 机油压力　C. 机油量　D. 机油流量

2. （　　）不是发动机润滑系统的作用。

A. 清洗　B. 密封　C. 防锈　D. 加热

3. 若曲轴主轴承、连杆轴承或凸轮轴轴承间隙过大会造成（　　）。

A. 机油压力过大　B. 机油压力过低　C. 机油压力不确定

4. 哪个装置用来控制润滑系统的最高机油压力？（　　）

A. 溢流阀　B. 集滤器　C. 机油泵　D. 油底壳

5. 机油油量不足或机油黏度过低会造成（　　）。

A. 机油压力过低　B. 机油压力过高　C. 机油压力不确定

6. 机油压力表是用来检测发动机（　　）工作情况的。

A. 润滑系统　B. 冷却系统　C. 传动系统　D. 供给系统

7. 机油压力过低的原因可能是（　　）。

A. 机油黏度过大　B. 油平面过低

C. 润滑系统油道堵塞　　　　　　　　D. 轴承磨损过大

8. 发动机润滑油无油压是由于（　　）。

A. 主油道调压阀内弹簧压紧力太大

B. 曲轴各轴承间隙过小

C. 油底壳内机油油面过低

D. 机油黏度过大

9. 发动机处于（　　）时，机油压力应不小于 0.05MPa。

A. 怠速　　　　B. 中速　　　　C. 加速　　　　D. 减速

10. 发动机发动后，若机油压力表读数迅速下降，可能的原因是（　　）

A. 机油滤清器堵塞　　　　　　　　B. 机油黏度过大

C. 气缸体的油道堵塞　　　　　　　D. 机油量过多

任务四 排气背压检测

【任务描述】

一辆五菱宏光汽车，装备五菱 B12 发动机，加速无力、最高转速只能达到 2000r/min，路试时发现急加速反应迟缓、发动机噪声大、排气有“嘭嘭”的声音；当发动机转速达到 2000r/min 时，如果不松加速踏板，发动机甚至会熄火。用诊断仪读取故障码，无故障码。检测汽油压力正常，原地急加速时排气管没有气流冲击感，怀疑是由排气管堵塞导致的。现在，我们的工作任务是使用排气背压表对发动机的排气背压进行检测，找出故障原因并排除故障。

【学习目标】

1. 了解发动机排气背压过高的一般表现；
2. 明白排气背压过高的主要原因；
3. 了解排气背压表的结构特点及使用方法；
4. 熟悉排气背压的检测方法；
5. 能正确进行排气背压的检测；
6. 能根据检测结果分析发动机的故障成因；
7. 会填写工作页，记录检测结果。

【学习重点】

1. 排气背压表的使用方法；
2. 排气背压的检测内容及方法。

【学习难点】

通过检测出的数据，分析判断发动机的故障成因。

【相关知识】

一、排气背压概述

排气背压是指发动机排气的阻力压力。当排气背压升高时，发动机排气不畅，从而影响发动机的动力性。排气背压对发动机综合性能有非常大的影响。一般情况下，排气背压变大会直接导致发动机燃油消耗率上升，发动机经济性能恶化。同时，发动机动力性也变差，尾气排放质量也会由于缸内燃烧的不充分加剧恶化。

二、发动机排气背压过高的一般表现

1）发动机起动时，喷油器喷油正常，火花塞点火也正常，但是发动机无法起动；

2）发动机加速不良，汽车不能高速行驶。有时即使将加速踏板踩到底，汽车最高车速只能达到 60～80km/h；

3）发动机高速运转时进气管有“回火”现象，急加速时发动机会熄火；

4）发动机运转时进气管向外冒白烟；

5）配备自动变速器的汽车，在行驶过程中自动变速器有时会没有超速挡，所以有时会误认为是自动变速器的故障；

6）当用汽车故障诊断仪检测发动机电控系统时，一般没有故障码。若读取发动机数据流，往往有多项数据显示不正常。

三、排气背压过高导致发动机诸多故障的机理

1）由于发动机排气背压过高，气缸内可燃混合气燃烧后生成的废气难以排出，废气只能反流，导致真空管路堵塞，使热线/热膜式空气流量传感器、进气压力传感器、怠速空气阀以及节气门等被污染和运动件卡滞，并使怠速时节气门的开启角度过大，引起可燃混合气过稀。

2）由于废气排放不充分，废气回流到进气歧管使进气管真空度降低，因而导致进气管“回火”，还会使燃油压力调节器里的真空度不正常，造成燃油压力过高。

3）进气管真空度降低造成新鲜混合气不能被顺利吸入，影响气缸的充气量。同时，由于废气的稀释作用使可燃混合气相对稀薄，造成发动机功率下降。

4）对于废气涡轮增压发动机，其工作原理是基于气缸内的废气在排出前具有相当大的压力能，从排气门排出后再进入涡轮增压器，压力能转化为动能，驱动涡轮增压器高速旋转。废气的流速越快，其驱动能力就越强。如果废气在排气管内积聚，排气背压升高，气缸内外的废气压力差减小，气流速度就会降低，涡轮增压能力必然下降。

5）排气背压过高基本上属于机械性故障，所以电控系统不记录故障码。

四、排气背压过高的主要原因

1）发动机三元催化转化器堵塞。发动机在中、高速运转时，废气排放量增大，来不及通过堵塞的三元催化转化器，因此造成排气背压过高。

2）排气管受撞击而凹瘪。当排气管出现凹瘪后，会使发动机在工作过程中出现排气受阻，导致排气背压增高。

五、发动机排气背压的检测方法

在检测排气背压之前，应当首先确认点火正时、配气相位、气门间隙是否正确，进气系统有无泄漏和堵塞现象。

1. 利用排气背压表检测

1）拆下氧传感器；

2）在该处接上排气背压表，如图 6-7 所示。

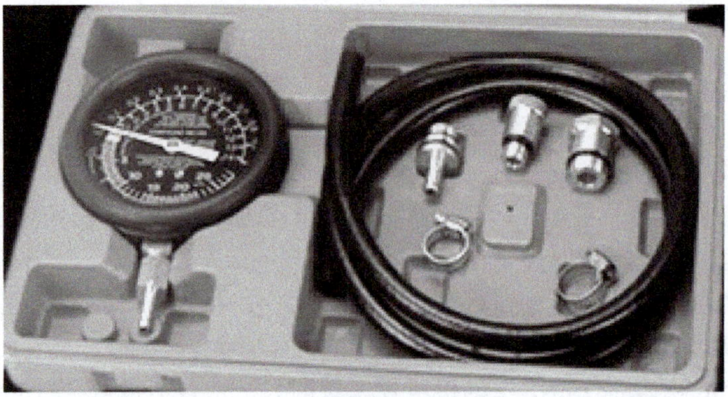

图 6-7　排气背压表

3）起动发动机，并使发动机温度达到 85℃以上；

4）使发动机转速保持在 2500r/min；

5）读取气压表的读数，即为排气管的背压，应在 9kPa 以下才正常，否则说明排气系统存在堵塞。

2. 利用废气分析仪检测

将废气分析仪的探头插入排气管口，读取废气中的 HC 值。然后将发动机加速到 2500r/min，再读取 HC 值，若 HC 值升高，则表示排气阻力过大。

3. 检测进气歧管的真空度

在正常情况下，发动机怠速运转时，若拔下进气管上一根真空管，应该感觉吸力很大，若吸力很小，则排气系统可能有堵塞。这是因为，若排气管时通时堵，则排气时的反压力增大，会使进气管的真空度降低。为了准确测量，可以用真空表软管连接到进气歧管的检测口，起动发动机，待转速稳定后，观察真空表的读数，怠速时的真空度一般为 57～71kPa。然后缓慢加速，若转速达到 2000～2500r/min 时真空度数值很低，甚至下降为零，说明排气系统有阻流现象。可以拆下排气管再试，若真空度恢复正常，即可确定排气管堵塞。

六、检测注意事项

1）排气背压表一般装在氧传感器或空燃比传感器的位置，故连接时要注意拧紧的力矩不能过大（防止螺栓损坏），也不能过松（防止漏气）。

2）连接排气背压表后注意观察怠速时指示的范围，如不超过 $0.08\mathrm{kg/cm^2}$ 时，可以将发动机转速提高到 3000r/min，检查压力不超过 $0.15\mathrm{kg/cm^2}$。

3）如果怠速时，压力超过 $0.2\mathrm{kg/cm^2}$ 则应立即熄火，不允许提高发动机转速以防止仪器损坏。

4）由于排气温度较高，所以测试时间应尽量缩短，避免仪器连接的橡胶软管部件由于长时间的高温而损坏。

5）排气背压表拆下后，应采用自然冷却降温的方式，不能强行降低温度，待接头温度和室外温度一致时方可将仪器放入盒内。

6）在排气背压检测过程中，如果有某个缸的火花塞不跳火，则发动机运转时间不能超过 15s，以免废气中尚未燃烧的燃料在三元催化转化器中继续燃烧而导致排气管堵塞。

【信息收集】

一、通过感受任务描述中的情景，把感受到的现象用几个关键词写出来。

二、明确工作任务，收集信息。

1. 我们的学习任务是什么？发动机排气背压过高对发动机性能有什么影响？

（1）学习任务：

（2）发动机排气背压过高对发动机性能的影响：

2. 为顺利完成本学习任务，请按要求完成信息的收集。

（1）查阅维修手册，该发动机的型号是＿＿＿＿＿＿＿＿，排量是＿＿＿＿＿＿＿＿。

（2）测量发动机排气背压所用到的工量具有＿＿＿＿＿＿＿＿＿＿＿＿＿。

（3）发动机怠速运转，排气背压不高于＿＿＿＿＿＿＿＿ kg/cm^2，发动机 3000r/min 时排气背压不高于＿＿＿＿＿＿＿＿ kg/cm^2。

3. 写出用排气背压表检测排气背压的方法。

【制订计划】

一、制订发动机排气背压的检测计划

1. 列出检测所需要的工量具。

2. 写出检测流程。

3. 写出检测过程中的注意事项。

4. 查阅教材或维修手册，找到技术标准并记录。

二、请在下表中选择在检测中可能用到的工量具（在对应的选项中打√即可）。

工量具名称	选　择	
螺钉旋具	□可能	□不可能
氧传感器拆卸工具	□可能	□不可能
真空表	□可能	□不可能
排气背压表	□可能	□不可能
缸压表	□可能	□不可能
钢丝钳	□可能	□不可能
其他（请填写具体名称）		

三、要完成本工作任务，你认为下表中哪些注意事项是必须要遵守的？请在相应的位置打√。

注意事项	选　择	
工量具整齐摆放不搁地	□是	□否
零件不落地，工量具轻拿轻放	□是	□否
工量具使用前要清洁，使用后要保养	□是	□否
检查排气背压表	□是	□否
检查发动机机油液位	□是	□否
检查发动机冷却液液位	□是	□否
及时记录测量数据	□是	□否
维修工作完成后需要进行工作现场“6S”管理	□是	□否
其他		

四、任务分工。

根据各成员所承担的角色，进行任务分工，并填写表6-10。

表6-10　任务分工表

序　号	组　长	记 录 员	操 作 员	备　注

【实施计划】

一、请结合本小组制订的检测计划，完成发动机排气背压的检测并完成表6-11的填写。

表6-11　排气背压检测作业表

发动机型号	
发动机启动时的排气背压值	
发动机怠速时的排气背压值	
发动机中速时的排气背压值	
发动机高速时的排气背压值	
发动机加速时的排气背压值	

二、查阅维修手册，根据上述的所有检测结果，判断所检测的排气背压是否符合技术要求。如果不符合，请给出修理意见。

【检查与考评】

记录员根据操作员的工作过程评分，具体评分细则见表6-12。

表6-12　排气背压检测评分标准

序号	作业项目	考核内容	配分	评分标准	扣分	得分
1	前期操作	尾气抽排安装	1	未安装扣1分		
		发动机舱机油液位检查	2	检查不到位扣1分 做错或未做扣2分		
		冷却液液位检查	2			
		检查、安装排气背压表	5	表未检查扣2分 表安装位置错误扣5分		
2	排气背压检测	发动机怠速时排气背压检测	20	检查方法错误扣10分 检查结果错误扣10分		
		发动机中速时排气背压检测	20			
		发动机高速时排气背压检测	20			
3	检测结果的判断及处理意见	判断排气背压是否符合技术要求	10	判断不正确扣5分		
		如排气背压不符合技术要求，分析可能的原因	10	分析原因不正确扣5分		
4	安全、文明操作	工装整洁	5	工装不整洁扣2分，不穿工作服扣5分		
		操作完毕，清洁和整理工量具，清洁场地	5	每项扣1分，扣完为止		
5	分数合计		100			

操作时间：30min　　　　日期：　　年　　月　　日

【评价反馈】

学习内容		学习时间	
任课教师		学生姓名	

自我评价		
1. 会正确安装排气背压表吗？	会□	不会□
2. 会正确使用排气背压表测量排气背压吗？	会□	不会□
3. 会正确读取排气背压表上的读数吗？	会□	不会□
4. 会对测量结果进行判断分析吗？	会□	不会□

5. 你认为自己还有哪些知识没有掌握？

6. 通过该项目的学习你认为还有需要改进的地方？

小组评价

1. 工作页完成情况。（　　）
A. 填写完整　B. 缺失 0～20%　C. 缺失 20%～40%　D. 缺失 40% 以上

2. 能否主动与组内成员积极沟通并协助其他成员共同完成学习任务？（　　）
A. 积极主动　B. 不够主动　C. 不愿协助

3. 能否主动参与工作现场的清洁和整理工作？（　　）
A. 积极主动参与 6S 工作　B. 在组长的要求下参与 6S 工作
C. 在组长的要求下参与 6S 工作，但效果差　D. 不愿参与 6S 工作

4. 总体印象评价。（　　）
A. 非常优秀　B. 比较优秀　C. 有待改进　D. 急需改进

5. 其他建议：

小组长签名：　　年　　月　　日

教师评价

教师签名：　　年　　月　　日

【知识巩固】

一、填空题：

1. 检测发动机排气背压可以用________________、________________及废气分析仪检测。

2. 排气背压过高基本上属于________________故障，所以电控系统不记录故障码。

3. 排气背压过高的主要原因有________________、________________及排气热空气门卡住。

4. 排气正常情况下，怠速时背压表压力应不高于________________，发动机 3000r/min 时背压表压力应不超过________________。

5. 发动机排气背压过高，会造成怠速时可燃混合气________________（过浓/过稀）。

二、简答题：

发动机排气背压过高的一般表现有哪些？

任务五 汽车尾气排放检测

【任务描述】

一辆五菱宏光汽车，装备五菱 B12 发动机，准备到期要进行年检，最近车辆出现加速无力、油耗增多，同时排气管有冒黑烟的现象。李先生现将车辆开到 4S 店，请求维修技师对汽车的尾气排放进行检测，发现问题及时处理，确保车辆检测顺利通过。现在，我们的工作任务是使用尾气分析仪对汽车的尾气排放进行检测，找出故障原因并排除故障。

【学习目标】

1. 了解汽车尾气的主要成分与危害；
2. 知晓影响尾气产生的因素；
3. 熟悉废气分析仪的结构特点及使用方法；
4. 熟悉汽车尾气的怠速测量和双怠速测量方法；
5. 能正确进行汽车尾气的检测；
6. 能根据检测结果分析发动机的故障原因；
7. 会填写工作页，记录检测结果。

【学习重点】

1. 尾气分析仪的结构和使用方法；
2. 汽车尾气的检测内容及方法。

【学习难点】

通过检测出的数据，分析判断发动机尾气排放超标的原因。

【相关知识】

一、汽车尾气的主要成分与危害

1. 一氧化碳（CO）

CO 吸入人体后，肺里的血红蛋白不与氧结合而与 CO 结合，致使人体缺氧，引起头痛、头晕、呕吐等中毒症状，并危害中枢神经系统，造成感觉、反应、理解、记忆等机能障碍，严重时造成死亡。

2. 二氧化碳（CO_2）

CO_2 为无色无毒气体，大气中的 CO_2 大幅度增加后，会形成温室效应，对环境造成严重的影响。

3. 碳氢化合物（HC）

碳氢化合物总称烃类，是发动机未燃尽的燃料分解产生的气体，单独的HC只有在浓度相当高的情况下才会对人体产生影响。一般情况下作用不大，但它是产生光化学烟雾的重要成分。

4. 氮氧化合物（NO_x）

氮氧化合物（NO_x）主要是指一氧化氮（NO）和二氧化氮（NO_2）。发动机排气中的NO_x是由于燃烧室内高温燃烧而产生的，空气中的氮经过氧化首先生成NO，然后与大气中的氧相遇又成为NO_2。高浓度的NO能引起神经中枢的障碍，并且容易氧化成剧毒的NO_2，NO_2有特殊的刺激性臭味，严重时会引起肺气肿。在二氧化氮浓度为9.4mg/m^{3}的空气中暴露10min，即可造成人的呼吸系统功能失调。

5. 炭烟（PM）

炭烟的主要成分是硫化物和微粒物，会影响道路上的能见度。炭烟会引起人们恶心和头晕，并对呼吸系统有害，严重者还能致癌。

二、汽车尾气产生的原理

1. 一氧化碳（CO）

CO是燃料不完全燃烧时所产生的气体。

2. 二氧化碳（CO_2）

CO_2是汽油燃烧后的必然产物，是不可避免的。

3. 碳氢化合物（HC）

HC是发动机废气中的部分未燃烧的燃料，还包括供油系统中燃料的蒸发和泄漏的产物，以及汽油中的大分子成分在高温下分解产生的。

4. 氮氧化合物（NO_x）

NO_x是进入气缸内的N_2和O_2在高温高压的火焰下化合生成的。

三、影响尾气产生的因素

1. 可燃混合气浓度影响

1）对CO排放量的影响。供给发动机的可燃混合气的空燃比比理论空燃比（A/F = 14.7，或过量空气系数1）小得越多，可燃混合气越浓，燃料燃烧越不完全，CO的排放量越高。

2）对HC排放量的影响。HC是可燃混合气在气缸壁温度较低区，达不到燃烧温度，火焰熄灭，电火花过弱未能引燃可燃混合气等情况下产生的。若A/F = 16.2，HC的排量最少；若A/F < 16.2时，HC排量高；当A/F > 16.2时，产生失火现象，造成HC大量排出。

3）对NO_x排放量的影响。NO_x在混合气的A/F ≈ 15.5时，燃料燃烧效率最高，燃烧最完全，气缸内的温度最高，NO_x的排量最多。A/F高于或低于此值时，NO_x的排量都会减少。

2. 点火时刻和点火效果的影响

1）对CO排放量的影响。点火提前角不正确也会影响排放。点火时刻过晚或过早都会造成 CO 的排放量增加。

2）对 HC 排放量的影响。点火时刻推迟时，HC 在排气过程中的氧化，另外燃烧时降低了气缸的面容比，燃烧室内的激冷面积减小，使排出的 HC 减少，但要以牺牲燃料经济性为代价，所以得不偿失。

3）对 NO_x 排放量的影响。点火时刻提前，NO_x 的排量高；点火时刻推迟，可以减少 NO_x 的排量，发动机的热效率也降低了，若调整不当会严重影响发动机的动力性、经济性和稳定性。

3. 发动机负荷的影响

1）对 CO 排放量的影响。急减速时，在进气管内产生瞬间的强真空，吸入过多的燃料，使可燃混合气过浓，这些都会造成 CO 排量的增加。中等负荷时，需供给稍稀的可燃混合气，燃料燃烧完全，排出的 CO 较少。

2）对 HC 排放量的影响。怠速和小负荷时，燃料不能完全燃烧，因而 HC 的排量较多；中等负荷时，HC 的排量较少；大负荷和全负荷时，可能使 HC 的排量增加，但这期间排气温度高，利于 HC 进一步氧化，所以 HC 的排量也较怠速时少。

3）对 NO_x 排放量的影响。负荷小时，进气压力低，进气流动速度慢，形成的可燃混合气的品质差，火焰传播慢，燃料燃烧不完全，发动机气缸内温度较低，NO_x 排量少；中速时，可燃混合气燃烧完全，NO_x 排量较多。

4. 发动机转速的影响

1）对 CO 排放量的影响。急减速时，燃烧不完全，而使 CO 的排量高；中速时，燃料燃烧完全，排出的 CO 相应较少；高速时，燃烧不完全使 CO 排量增多，有利于 CO 的进一步氧化，所以 CO 的排放比中速时低，但比怠速时高。

2）对 HC 排放量的影响。转速升高，可燃混合气品质更佳，燃烧更完全，HC 的排放量更少。

3）对 NO_x 排放量的影响。对燃烧速度较慢的稀可燃混合气，在点火时刻不变的情况下，转速升高，NO_x 的排量减少；对于燃烧速度较快的浓可燃混合气，转速升高，燃烧速度快使 NO_x 排量增加。

5. 发动机温度的影响

1）低温时。低温时一部分汽油发生凝结成为液态和颗粒状，冷态供给的是浓可燃混合气，结果由于空气量不足，使 CO 量增加。同时燃烧温度降低，NO_x 减少而 HC 增加。

2）高温时。冷却液温度达到 80～90℃时，燃料汽化良好，发动机在燃料经济性较好的状态下运转。但是，当发动机温度过高时，由于引起过热、爆燃、早燃等现象，使燃烧温度上升，NO_x 的生成量增多，同时 CO 和 HC 的生成量减少。

6. 其他因素的影响

1）喷油器工作情况的影响。当喷油器密封不严和喷油雾化质量不良时，会引起 CO 和 HC 排量增加，使 NO_x 减少。

2）燃油供给系统中燃油压力的影响。压力过高时，相同的喷油脉宽，供给的燃油多，可燃混合气浓度大，CO 和 HC 排量增加，使 NO_x 减少。

3）L 型空气供给系统的发动机，空气流量计之后的进气通道有漏气现象时，会使 NO_x 的排量增加，使 CO 和 HC 排量减少。

4）空气流量计（或进气压力传感器）检测进气量数值不准确、活性炭罐故障、三元催化转换器故障、EGR 阀故障等，都会引起 CO、HC、NO_x 排量的变化。

四、汽油车尾气常用的检测方法

1. 检测仪器

汽车尾气检测常用废气分析仪进行测量，图 6-8 所示为南华 NHA506 废气分析仪，该分析仪可用于测量机动车汽油发动机排放废气中的 HC、CO、CO_2、O_2 及 NO 的浓度。其中对 HC、CO、CO_2 采用先进的 NDIR 不分光红外分析技术进行检测，对 O_2 及 NO 采用最新的电化学分析技术进行检测。

2. 常用检测方法

（1）实时测量法　汽车发动机处于不同工况下，通过尾气分析仪检测尾气中各种气体含量的检测方法。

（2）怠速测量法　汽车发动机处于怠速工况下，通过尾气分析仪检测尾气中各种气体含量的检测方法。

（3）双怠速测量法　汽车发动机处于高怠速和低怠速两种工况下，通过尾气分析仪检测尾气中各种气体含量的检测方法。

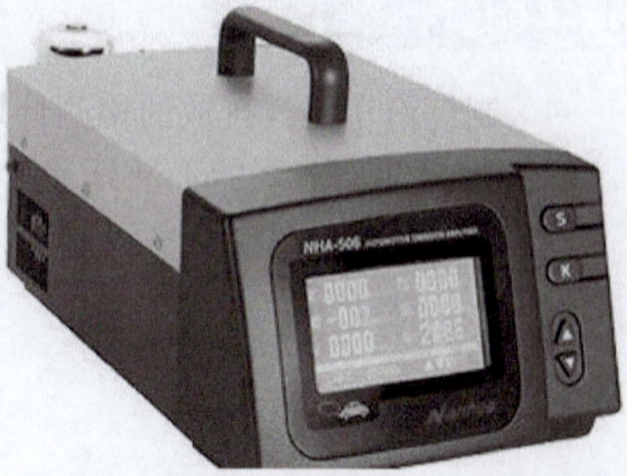

图 6-8　南华 NHA506 废气分析仪

【信息收集】

一、通过感受任务描述中的情景，把感受到的现象用几个关键词写出来。

二、明确工作任务，收集信息。

1. 我们的学习任务是什么？汽车尾气的主要成分有哪些？

（1）学习任务：

（2）汽车尾气的主要成分：

2. 为顺利完成本学习任务，请按要求完成下列信息的收集。

（1）查阅维修手册，该发动机的型号是______________，排量是______________，生产日期______________。

（2）测量汽车尾气排放的仪器是________________________。

（3）查阅《轻型汽车污染物排放限值及测量方法（中国第六阶段）》污染物排放标准，6a 阶段排放限值 CO ________ mg/km，THC ________ mg/km，NMHC ________ mg/km，NO_x ________ mg/km。

3. 查阅废气分析仪使用说明书，写出双怠速测量废气的步骤。

【制订计划】

一、制订汽车尾气排放的检测计划。

1. 列出检测所需要的工量具及设备。

2. 写出检测流程。

3. 写出检测过程中的注意事项。

4. 查阅相关的尾气排放标准，找到技术标准并记录。

二、请在下表中选择在检测中可能用到的工量具（在对应的选项中打√即可）。

工量具名称	选　择	
废气分析仪	□可能	□不可能
发动机油温测量探头	□可能	□不可能
转速测量钳	□可能	□不可能
取样管	□可能	☑不可能
其他（请填写具体名称）		

三、要完成本工作任务，你认为下表中哪些注意事项是必须要遵守的？请在相应的位置打√。

注意事项	选择	
工量具整齐摆放不搁地	□是	□否
零件不落地，工量具轻拿轻放	□是	□否
工量具使用前要清洁，使用后要保养	□是	□否
检查废气分析仪	□是	□否
检查发动机机油液位	□是	□否
检查发动机冷却液液位	□是	□否
及时记录测量数据	□是	□否
维修工作完成后需要进行工作现场“6S”管理	□是	□否
其他		

四、任务分工

根据各成员所承担的角色，进行任务分工，并填写表6-13。

表6-13　任务分工表

序号	组长	记录员	操作员	备注

【实施计划】

一、请结合本小组制订的检测计划，完成发动机尾气排放的检测并完成表6-14的填写。

表6-14　尾气排放检测作业表

	CO	HC	NO_x	CO_2	O_2
怠速检测法					
双怠速检测法					

二、查阅尾气排放标准，根据上述的检测结果，判断所检测的尾气排放是否符合技术要求。如果不符合，请给出修理意见。

【检查与考评】

记录员根据操作员的工作过程评分，具体评分细则见表6-15。

表 6-15　尾气排放检测评分标准

序号	作业项目	考核内容	配分	评分标准	扣分	得分
1	前期操作	尾气抽排安装	1	未安装扣 1 分		
		发动机舱机油液位检查	2	检查不到位扣 1 分 做错或未做扣 2 分		
		冷却液液位检查	2			
		检查、安装废气分析仪	10	未检查扣 2 分 安装错误扣 5 分		
2	尾气排放检测	怠速时尾气排放检测	25	检查方法错误扣 10 分 检查结果错误扣 10 分		
		双怠速时尾气排放检测	30			
3	检测结果的判断及处理意见	判断尾气排放是否符合技术要求	10	判断不正确扣 5 分		
		如尾气排放不符合技术要求，分析可能的原因	10	分析原因不正确扣 5 分		
4	安全、文明操作	工装整洁	5	工装不整洁扣 2 分，不穿工作服扣 5 分		
		操作完毕，清洁和整理工量具，清洁场地	5	每项扣 1 分，扣完为止		
5	分数合计		100			

操作时间：30min　　　　　　　　　　　　　　　日期：　　　年　　月　　日

【评价反馈】

学习内容		学习时间	
任课教师		学生姓名	

自我评价		
1. 会正确安装废气分析仪吗？	会□	不会□
2. 会正确使用废气分析仪测量汽车尾气吗？	会□	不会□
3. 会正确读取废气分析仪上的读数吗？	会□	不会□
4. 会对测量结果进行判断分析吗？	会□	不会□

5. 你认为自己还有哪些知识没有学好？

6. 通过该项目的学习你认为还有哪些改进的地方？

（续）

小组评价
1. 工作页完成情况。（ ） A. 填写完整 B. 缺失0~20% C. 缺失20%~40% D. 缺失40%以上
2. 能否主动与组内成员积极沟通并协助其他成员共同完成学习任务？（ ） A. 积极主动 B. 不够主动 C. 不愿协助
3. 能否主动参与工作现场的清洁和整理工作？（ ） A. 积极主动参与6S工作 B. 在组长的要求下参与6S工作 C. 在组长的要求下参与6S工作，但效果差 D. 不愿参与6S工作
4. 总体印象评价。（ ） A. 非常优秀 B. 比较优秀 C. 有待改进 D. 急需改进
5. 其他建议： 小组长签名： 年 月 日
教师评价
 教师签名： 年 月 日

【知识巩固】

选择题：

1. 长期吸入汽车尾气，会导致（ ）。

A. 铁中毒 B. 砷中毒 C. 铅中毒 D. 铝中毒

2. 汽车尾气中主要含有的有害物质是（ ）。

A. 二氧化碳和碳氢化合物 B. 一氧化碳

C. 一氧化碳和碳氢化合物 D. 碳氢化合物

3. 由于汽车尾气造成的空气污染属于什么危害？（ ）

A. 人为灾害 B. 自然灾害 C. 公害 D. 私害

4. 汽车尾气排放中的氮氧化合物的主要成分是（ ）。

A. NO_2 B. N_2O_3 C. NO D. N_2O_5

5. 汽车尾气的排放检测方法有（ ）。

A. 怠速法、工况法

B. 怠速法、工况法和烟度法

C. 怠速法、工况法、烟度法和不可见污染物测量法

D. 怠速法、工况法、烟度法和可见污染物测量法

6. 汽车尾气检测结果为 λ =0.97，说明（　　）。

A. 可燃混合气过稀　　B. 可燃混合气过浓

C. 为标准可燃混合气　　D. 以上都不是

7. 进行尾气测试时，发现 HC 含量过高，说明（　　）。

A. 可燃混合气过浓　　B. 可燃混合气过稀

C. 可燃混合气较稀　　D. 与可燃混合气浓度无关

8. 三元催化转换器主要清除尾气中的（　　）三种废气。

A. CO、HC 和 CO_2　　B. CO、HC 和 NO_x

C. CO、CO_2 和 NO_x　　D. CO_2、HC 和 NO

9. 装有三元催化转换器的汽车尾气中的 CO_2 的检测值应为（　　）%。

A. 2 ~ 3　　B. 5 ~ 6　　C. 7 ~ 12　　D. 14 ~ 16

参考文献

[1] 谭克诚，杨玲玲. 汽车发动机检修实训指导 [M]. 北京：机械工业出版社，2012.
[2] 李云杰. 汽车发动机拆装与维修工作页 [M]. 北京：现代教育出版社，2014.
[3] 刘小平，龙纪文. 发动机机械系统检修学习工作页 [M]. 上海：华东师范大学出版社，2016.